COLLECTION
FOLIO CLASSIQUE

Molière

Les Fourberies de Scapin

*Édition présentée, établie et annotée
par Georges Couton*

Gallimard

Édition dérivée de la Bibliothèque de la Pléiade.

Nous remercions Carine Barbafieri d'avoir mis à jour cette édition.

*© Éditions Gallimard, 1971 et 1978 ;
1999 et 2013, pour la présente édition.*

PRÉFACE

Un public réticent

Les Fourberies de Scapin *furent jouées pour la première fois le 24 mai 1671. Le journaliste Robinet fut très chaleureux ; il y eut un article de lancement, mais le public ne suivit pas : dix-huit représentations du 24 mai au 18 juillet, avec des recettes de plus en plus faibles. Molière ne reprit pas* Les Fourberies *dans les années suivantes. Louis XIV ne les vit qu'après sa mort. Mais à la ville, la pièce connut alors le succès : cent quatre-vingt-dix-sept représentations de 1673 à 1715. Son sort depuis a été glorieux.*

Les Fourberies de Scapin *furent tout de suite imprimées.*

*De l'insuccès, est resté un témoignage littéraire. En 1674, un an après la mort de Molière, l'*Art poétique *de Boileau contenait quelques* *vers qui regrettent que Molière se soit trop laissé aller au désir de plaire au peuple ; il eût peut-être été le premier des poètes comiques,*

Si moins ami du peuple en ses doctes peintures,
Il n'eût point fait souvent grimacer ses figures,
Quitté, pour le bouffon, l'agréable et le fin,
Et sans honte à Térence allié Tabarin[1].
Dans ce sac ridicule[2] où Scapin s'enveloppe,
Je ne reconnais plus l'auteur du Misanthrope[3].

Boileau attendait donc de Molière autre chose que Les Fourberies de Scapin. *Il faut bien croire que le public, à ce moment-là au moins, attendait autre chose. Mais tout est-il explicable dans ses enthousiasmes comme dans ses dégoûts ? Le hasard et le caprice ont aussi leur rôle au théâtre. On pourra trouver étrange que Molière n'ait pas tenté d'imposer sa pièce, en la redonnant, faisant appel du public mal disposé à un public mieux disposé. Mais il avait à jouer ensuite* Psyché, *puis* Les Femmes savantes, *puis* Le Malade imaginaire *:*

---

1. Tabarin (1584-1633), charlatan, est reconnu dans son génie de farceur dès 1618-1619 lorsqu'il joue sur un théâtre de la place Dauphine. De quelques accessoires il savait tirer de grands effets comiques.
2. Sur ce sac, voir la note 1, p. 130.
3. *Art poétique* (1674), chant III, v. 395-400. *Œuvres complètes*, Bibliothèque de la Pléiade, p. 178.

de quoi s'occuper. Ajoutons que d'un point de vue strictement matériel, Les Fourberies de Scapin *pouvaient comporter une incommodité : pièce trop courte pour faire un spectacle entier, un peu longue pour accompagner une grande pièce. Cela est une hypothèse.*

Les sources

Les Fourberies de Scapin *sont faites d'emprunts divers et de beaucoup de Molière.*

Molière est surtout tributaire de Térence. Térence, pour les gens cultivés du XVIIᵉ siècle, est le grand comique latin, mis beaucoup au-dessus de Plaute : son comique paraît plus subtil et plus délicat. Même Messieurs de Port-Royal, qui n'aimaient guère le théâtre, où l'on perd son âme, l'avaient édité et traduit en 1647[1]. L'abbé de Marolles en avait aussi donné une traduction en 1659, un peu pâle mais point mauvaise. Les enfants étaient conviés à lire Térence chez les jésuites au moins dès la quatrième.

Le Phormio *de Térence présente deux vieillards ; ils sont partis en voyage et revien-*

---

1. L'édition était due à Saint-Aubin, c'est-à-dire Isaac Le Maistre de Sacy.

nent. *Comme mentor de leurs deux fils, ils avaient institué un esclave, Geta, lequel a voulu tenir dans le droit chemin les deux jeunes gens. Il s'est fait rosser et il a capitulé. Phedria, l'un des jeunes gens, s'est épris d'une joueuse de cithare, esclave d'un* leno[1]. *Le* leno *va vendre l'esclave au plus offrant, ainsi fait-il « chanter » l'amoureux.*

L'autre jeune homme, Antiphon, s'est attendri à voir une jeune orpheline au chevet de sa mère morte. Il l'épouse.

Il faut soutirer de l'argent à l'un des pères pour racheter la citharuste. Il faut faire admettre le mariage de l'autre jeune homme. La pièce se terminera, après des péripéties familiales, lorsque chacun des jeunes gens aura celle qu'il aime.

Molière a pris le thème, l'a organisé, a élagué, a ménagé des symétries. Il s'est souvenu de La Sœur *de Rotrou (1645)*[2]. *Il s'est souvenu de Cyrano de Bergerac aussi. Son imitation du* Pédant joué *(1654)*[3], *localisée, pourrait être un hommage à un homme de sa génération (Cyrano est né en 1619, Molière en 1622) mort prématurément, laissant une œuvre passable-*

---

1. Un *leno* est un marchand d'esclaves et de prostituées. C'est un personnage récurrent de la comédie latine.
2. Voir note 1, p. 19 et note 1, p. 33.
3. Voir note 1, p. 106.

ment explosive, que Molière devait apprécier. Avait-il connu personnellement Cyrano dans l'entourage de Gassendi? Le seul témoin qui l'affirme, un certain Grimarest, auteur d'une Vie de M. de Molière *(1705), est ordinairement récusable; l'est-il en la circonstance? Est-ce en souvenir de la mort de Cyrano que Molière fait trépasser, ou presque, son Scapin d'un marteau qui lui serait tombé sur la tête du haut d'un bâtiment en construction?*

À côté, d'autres imitations paraissent moins établies. Cependant, la scène du sac a été retrouvée, à peu près, dans Les Facétieuses Nuits *de Straparole (1550-1553), traduites par Jean Louveau et Pierre de Larivey*[1] *: Simplice veut séduire Giliole, la femme du paysan Guirot. Giliole s'entend avec son mari; elle donne rendez-vous au galant. Le mari survient : Simplice se cache dans un sac vide, à côté des sacs pleins; Guirot, trouvant ce sac de trop, le traîne dehors, le bâtonne et s'en va. Simplice sort du sac, moulu de coups.*

La scène a été retrouvée aussi dans les Farces tabariniques *: le vieux Lucas a peur des sergents; sa femme Francisquine le cache dans un sac. Survient Fristelin qui, de la part de son*

---

1. Larivey (1541-1612) est généralement considéré comme le créateur de la comédie en France.

maître, apporte à Francisquine un billet doux. Francisquine le fait entrer lui aussi dans le sac. Tabarin, valet de Piphagne, arrive et lui parle d'un achat de viande. Elle a, lui dit-elle, ce qu'il lui faut : deux porcs dans le sac. Quand Tabarin et Piphagne ouvrent le sac, ils y trouvent le vieux Lucas et Fristelin ; une bataille générale s'ensuit. Autre farce tabarinique : Rodomont, le capitan, veut approcher Isabelle ; Tabarin le fait entrer dans un sac. Lucas, par avarice, remplace Rodomont dans le sac. Reviennent Tabarin et Isabelle pour bâtonner Rodomont. Ils bâtonnent en effet le sac, puis l'ouvrent : c'était Lucas qui s'y trouvait.

On rappellera aussi que Molière à ses débuts à Paris avait à son répertoire une farce, dont le titre seul est conservé : Gorgibus dans le sac.

La source est-elle Straparole, ou Tabarin, est-elle quelque pièce non connue du théâtre italien ? Notons que Boileau avait son avis là-dessus : « À Térence allier Tabarin » est bien la formule même des Fourberies de Scapin. *On croira donc plus volontiers à un emprunt à Tabarin.*

Le personnage de Scapin

Au centre de la pièce se situe Scapin. C'est un des « masques » de la comédie italienne. À notre connaissance, Molière l'avait rencontré une fois dans une comédie de Beltrame, L'Inavvertito overo Scappino disturbato e Mezzetino travagliato *(« Le Mal Avisé ou Scapin déconcerté et Mezzetin tourmenté », 1629). Il avait utilisé Beltrame dans* L'Étourdi *et fait de Scappino son Mascarille. Sans doute avait-il trouvé Scapin dans d'autres scénarios de la* commedia dell'arte, *que nous ignorons. Scapin était un Zanni milanais.*

Scapin est connu encore, est connu surtout, par le dessinateur Jacques Callot (1592-1635) qui l'a représenté dans ses Petits danseurs : *vêtements très amples, un chapeau à bord démesuré sur le devant, une manière de batte au côté, manteau sur l'épaule. Autour de son Scapin, qu'il jouait lui-même, Molière a organisé sa pièce. Il est, dit la liste des acteurs, fourbe, comme Carle ; comme Silvestre qui, sans porter encore ce titre, en devient digne. Entendons fourbe de profession. Homme d'expérience, plein de ressources ; connaissant les hommes et la vie, disposé à moraliser ; sachant qu'on doit s'attendre au pire et remerciant son bon destin quand le pire n'arrive pas : dans ces propos sages, il y a comme un écho burlesque de la philosophie d'un Épictète, estimant qu'il ne faut pas se chagriner de ce qui ne dépend pas de nous. À cette philosophie, il ne s'attarde pas : l'action l'emporte. Il agit pour les jeunes gens, il agit aussi pour lui-même, plus encore pour lui-même, pour se prouver sa virtuosité à fourber ; et l'imagination des fourberies a quelque chose qui tient du jaillissement et de la gratuité de l'imagination poétique.*

Scapin est entouré de personnages dont les noms aussi sont italiens, comme il convient à une comédie située à Naples : Zerbinette, Nérine. Le nom de Carle a aussi une forme italienne, de même Hyacinte est un prénom italien. De l'Italie aussi les masques dont deux personnages étaient porteurs à notre connaissance : « C'est la seule pièce restée au théâtre où l'usage du masque se soit conservé », écrit le Mercure *de mai 1736.*

On voit quelles traditions, latine, italienne, française, confluent pour faire cette comédie étincelante.

GEORGES COUTON.

Les Fourberies de Scapin

COMÉDIE

*Représentée la première fois à Paris,
sur le Théâtre de la salle du Palais-Royal
le 24 mai 1671
par la Troupe du Roi.*

ACTEURS[1]

ARGANTE, *père d'Octave et de Zerbinette.*
GÉRONTE, *père de Léandre et de Hyacinte.*
OCTAVE, *fils d'Argante, et amant de Hyacinte.*
LÉANDRE, *fils de Géronte, et amant de Zerbinette.*
ZERBINETTE, *crue Égyptienne, et reconnue fille d'Argante, et amante de Léandre.*
HYACINTE, *fille de Géronte et amante d'Octave.*
SCAPIN, *valet de Léandre, et fourbe.*
SILVESTRE, *valet d'Octave.*
NÉRINE, *nourrice de Hyacinte.*
CARLE, *fourbe.*
DEUX PORTEURS.

La scène est à Naples.

---

1. Voir la note sur les personnages de la pièce, p. 172.

ACTE PREMIER

SCÈNE PREMIÈRE

OCTAVE, SILVESTRE

OCTAVE

Ah! fâcheuses nouvelles pour un cœur amoureux! Dures extrémités où je me vois réduit[1]! Tu viens, Silvestre, d'apprendre au port que mon père revient?

---

1. Molière imite ici le début de *La Sœur* de Rotrou. En constatant même que ses deux premières phrases sont des alexandrins, faut-il se demander s'il n'avait pas voulu réemployer quelque tirade par laquelle il rivalisait avec Rotrou :

LÉLIE	Ô fatale nouvelle et qui me désespère!
	Mon oncle te l'a dit et le tient de mon père.
ERGASTE	Oui.
LÉLIE	Que pour Éroxène il destine ma foi,
	Qu'il doit absolument m'imposer cette loi,
	Qu'il promet Aurélie aux vœux de Polydore?

SILVESTRE

Oui.

OCTAVE

Qu'il arrive ce matin même ?

SILVESTRE

Ce matin même.

OCTAVE

Et qu'il revient dans la résolution de me marier ?

SILVESTRE

Oui.

OCTAVE

Avec une fille du seigneur Géronte ?

ERGASTE	Je vous l'ai déjà dit et le redis encore.
LÉLIE	Et qu'exigeant ce funeste devoir,
	Il nous veut obliger d'épouser dès ce soir.
ERGASTE	Dès ce soir.
LÉLIE	Et tu crois qu'il parlait sans feinte ?
ERGASTE	Sans feinte.
LÉLIE	Ah ! Si d'amour tu ressentais l'atteinte,
	Tu plaindrais moins ces mots qui te coûtent si cher,
	Et qu'avec tant de peine il te faut arracher.
	(*La Sœur*, acte I, sc. i, début.)

SILVESTRE
Du seigneur Géronte.

OCTAVE
Et que cette fille est mandée de Tarente ici pour cela ?

SILVESTRE
Oui.

OCTAVE
Et tu tiens ces nouvelles de mon oncle ?

SILVESTRE
De votre oncle.

OCTAVE
À qui mon père les a mandées par une lettre ?

SILVESTRE
Par une lettre.

OCTAVE
Et cet oncle, dis-tu, suit toutes nos affaires.

SILVESTRE
Toutes nos affaires.

OCTAVE

Ah! parle, si tu veux, et ne te fais point, de la sorte, arracher les mots de la bouche[1].

SILVESTRE

Qu'ai-je à parler davantage? Vous n'oubliez aucune circonstance, et vous dites les choses tout justement comme elles sont.

OCTAVE

Conseille-moi, du moins, et me dis ce que je dois faire dans ces cruelles conjonctures.

SILVESTRE

Ma foi! je m'y trouve autant embarrassé que vous, et j'aurais bon besoin que l'on me conseillât moi-même.

OCTAVE

Je suis assassiné par ce maudit retour.

SILVESTRE

Je ne le suis pas moins.

---

1. Un questionneur impatient, un questionné flegmatique, le jeu est repris de *Mélicerte*, acte II, sc. i et, avant, du début de *La Sœur* de Rotrou.

OCTAVE

Lorsque mon père apprendra les choses, je vais voir fondre sur moi un orage soudain d'impétueuses réprimandes.

SILVESTRE

Les réprimandes ne sont rien; et plût au Ciel que j'en fusse quitte à ce prix! mais j'ai bien la mine, pour moi, de payer plus cher vos folies, et je vois se former de loin un nuage de coups de bâton qui crèvera sur mes épaules[1].

OCTAVE

Ô Ciel! par où sortir de l'embarras où je me trouve?

SILVESTRE

C'est à quoi vous deviez songer, avant que de vous y jeter.

OCTAVE

Ah! tu me fais mourir par tes leçons hors de saison.

---

1. Voir *Le Médecin volant*, sc. XIV.

SILVESTRE

Vous me faites bien plus mourir par vos actions étourdies.

OCTAVE

Que dois-je faire ? Quelle résolution prendre ? À quel remède recourir ?

SCÈNE II

SCAPIN, OCTAVE, SILVESTRE

SCAPIN

Qu'est-ce, seigneur Octave, qu'avez-vous ? Qu'y a-t-il ? Quel désordre est-ce là ? Je vous vois tout troublé.

OCTAVE

Ah ! mon pauvre Scapin, je suis perdu, je suis désespéré, je suis le plus infortuné de tous les hommes.

SCAPIN

Comment ?

OCTAVE

N'as-tu rien appris de ce qui me regarde ?

SCAPIN

Non.

OCTAVE

Mon père arrive avec le seigneur Géronte, et ils me veulent marier.

SCAPIN

Hé bien ! qu'y a-t-il là de si funeste ?

OCTAVE

Hélas ! tu ne sais pas la cause de mon inquiétude ?

SCAPIN

Non ; mais il ne tiendra qu'à vous que je ne la sache bientôt ; et je suis homme consolatif[1], homme à m'intéresser aux affaires des jeunes gens.

---

1. *Consolatif* n'est pas dans les dictionnaires du XVIIe siècle. Le mot vient du langage religieux non sans une pointe d'irrévérence, peut-être.

OCTAVE

Ah ! Scapin, si tu pouvais trouver quelque invention, forger quelque machine[1], pour me tirer de la peine où je suis, je croirais t'être redevable de plus que de la vie.

SCAPIN

À vous dire la vérité, il y a peu de choses qui me soient impossibles, quand je m'en veux mêler. J'ai sans doute reçu du Ciel un génie assez beau pour toutes les fabriques de ces gentillesses d'esprit, de ces galanteries[2] ingénieuses à qui le vulgaire ignorant donne le nom de fourberies ; et je puis dire, sans vanité, qu'on n'a guère vu d'homme qui fût plus habile ouvrier de ressorts et d'intrigues, qui ait acquis plus de gloire que moi dans ce noble métier : mais, ma foi ! le mérite est trop maltraité aujourd'hui, et j'ai renoncé à toutes choses depuis certain chagrin d'une affaire qui m'arriva.

OCTAVE

Comment ? quelle affaire, Scapin ?

---

1. *Forger quelque machine* : inventer quelque ruse.
2. Le mot est pris ironiquement, comme dans *L'Avare*, acte II, sc. I, pour désigner des inventions répréhensibles, voire pendables.

SCAPIN

Une aventure où je me brouillai avec la justice.

OCTAVE

La justice !

SCAPIN

Oui, nous eûmes un petit démêlé ensemble.

SILVESTRE

Toi et la justice !

SCAPIN

Oui. Elle en usa fort mal avec moi, et je me dépitai de telle sorte contre l'ingratitude du siècle que je résolus de ne plus rien faire. Baste ! Ne laissez pas de me conter votre aventure[1].

---

[1]. Ce récit s'inspire très directement de Térence. Les deux vieillards sont partis en voyage laissant leurs deux fils à la garde de deux «serviteurs» (traduction Marolles). L'un des enfants, Phédrie, s'est épris tout de suite d'une «certaine joueuse de harpe... esclave chez un infâme corrupteur de la jeunesse». L'autre jeune homme, Antiphon, voit une jeune orpheline : «elle nous parut fort belle... et si [pourtant] elle n'avait point de parure qui contribuât à relever sa beauté. Elle avait des cheveux épais et était nu-pieds. Une autre eût fait peur en l'état où elle était, tout éplorée et si mal vêtue, que si sa beauté n'eût été extraordinaire on ne s'en serait pas aperçu». Antiphon veut que Phédrie l'admire. Phédrie se contente de dire «elle est vraiment jolie». Antiphon en devient amoureux et l'épouse en l'absence du père.

OCTAVE

Tu sais, Scapin, qu'il y a deux mois que le seigneur Géronte et mon père s'embarquèrent ensemble pour un voyage qui regarde certain commerce où leurs intérêts sont mêlés.

SCAPIN

Je sais cela.

OCTAVE

Et que Léandre et moi nous fûmes laissés par nos pères, moi sous la conduite de Silvestre, et Léandre sous ta direction.

SCAPIN

Oui : je me suis fort bien acquitté de ma charge.

OCTAVE

Quelque temps après, Léandre fit rencontre d'une jeune Égyptienne[1] dont il devint amoureux.

SCAPIN

Je sais cela encore.

---

1. Les Égyptiens sont les Bohémiens, ou Gitans ou Gypsies. Leurs costumes colorés sont heureusement à leur place dans les Ballets.

OCTAVE

Comme nous sommes grands amis, il me fit aussitôt confidence de son amour, et me mena voir cette fille, que je trouvai belle à la vérité, mais non pas tant qu'il voulait que je la trouvasse. Il ne m'entretenait que d'elle chaque jour; m'exagérait à tous moments sa beauté et sa grâce; me louait son esprit, et me parlait avec transport des charmes de son entretien, dont il me rapportait jusqu'aux moindres paroles, qu'il s'efforçait toujours de me faire trouver les plus spirituelles du monde. Il me querellait quelquefois de n'être pas assez sensible aux choses qu'il me venait dire, et me blâmait sans cesse de l'indifférence où j'étais pour les feux de l'amour.

SCAPIN

Je ne vois pas encore où ceci veut aller.

OCTAVE

Un jour que je l'accompagnais pour aller chez les gens qui gardent l'objet de ses vœux, nous entendîmes, dans une petite maison d'une rue écartée, quelques plaintes mêlées de beaucoup de sanglots. Nous demandons ce que c'est. Une femme nous dit, en soupirant, que nous pouvions voir là quelque chose de pitoyable en des personnes étrangères, et qu'à moins que d'être insensibles, nous en serions touchés.

SCAPIN

Où est-ce que cela nous mène ?

OCTAVE

La curiosité me fit presser Léandre de voir ce que c'était. Nous entrons dans une salle, où nous voyons une vieille femme mourante, assistée d'une servante qui faisait des regrets, et d'une jeune fille toute fondante en larmes, la plus belle et la plus touchante qu'on puisse jamais voir.

SCAPIN

Ah, ah !

OCTAVE

Une autre aurait paru effroyable en l'état où elle était ; car elle n'avait pour habillement qu'une méchante petite jupe avec des brassières de nuit qui étaient de simple futaine ; et sa coiffure était une cornette jaune, retroussée au haut de sa tête, qui laissait tomber en désordre ses cheveux sur ses épaules[1] ; et cependant,

---

1. Costume pauvre. «On se sert de *futaine* pour faire des camisoles, pour couvrir des matelas» (Furetière, *Dictionnaire universel*, 1690). Mais la belle éplorée garde un souci notable de protéger son teint : «Les coquettes mettent sur leur visage

faite comme cela, elle brillait de mille attraits, et ce n'était qu'agréments et que charmes que toute sa personne.

SCAPIN

Je sens venir les choses.

OCTAVE

Si tu l'avais vue, Scapin, en l'état que je dis, tu l'aurais trouvée admirable.

SCAPIN

Oh ! je n'en doute point ; et, sans l'avoir vue, je vois bien qu'elle était tout à fait charmante.

OCTAVE

Ses larmes n'étaient point de ces larmes désagréables qui défigurent un visage ; elle avait à pleurer une grâce[1] touchante, et sa douleur était la plus belle du monde.

---

des *cornettes* de toile d'ortie, des *cornettes jaunes* pour se conserver le teint frais » (Furetière). — Une modeste demoiselle du XVIIe siècle a remplacé la jeune fille dont Térence se contentait de dire qu'elle était pauvrement vêtue. — De l'habit de la jeune fille on se fera une idée par celui des sœurs de Saint-Vincent-de-Paul, dont l'institut a été fondé à cette époque.

1. Elle était belle malgré ses larmes, dit Térence. Elle était belle à cause de ses larmes, dit Molière. La modification est lourde d'expérience humaine : l'amour s'insinue par la pitié ; et il n'est pas sans prendre à la douleur quelque plaisir. Le siècle est à un tournant et le goût des larmes annonce une sensibilité nouvelle (dans *Britannicus*, Junie est désirable pour Néron, à cause de ses larmes).

SCAPIN

Je vois tout cela.

OCTAVE

Elle faisait fondre chacun en larmes, en se jetant amoureusement sur le corps de cette mourante, qu'elle appelait sa chère mère; et il n'y avait personne qui n'eût l'âme percée de voir un si bon naturel.

SCAPIN

En effet, cela est touchant; et je vois bien que ce bon naturel-là vous la fit aimer.

OCTAVE

Ah! Scapin, un barbare l'aurait aimée.

SCAPIN

Assurément: le moyen de s'en empêcher?

OCTAVE

Après quelques paroles, dont je tâchai d'adoucir la douleur de cette charmante affligée, nous sortîmes de là; et demandant à Léandre ce qu'il lui semblait de cette personne, il me répondit froidement qu'il la trouvait assez jolie. Je fus piqué de la froideur avec laquelle il m'en parlait, et je ne voulus point lui découvrir l'effet que ses beautés avaient fait sur mon âme.

SILVESTRE

Si vous n'abrégez ce récit, nous en voilà pour jusqu'à demain. Laissez-le-moi finir en deux mots[1]. Son cœur prend feu dès ce moment. Il ne saurait plus vivre, qu'il n'aille consoler son aimable affligée. Ses fréquentes visites sont rejetées de la servante, devenue la gouvernante par le trépas de la mère : voilà mon homme au désespoir. Il presse, supplie, conjure : point d'affaire. On lui dit que la fille, quoique sans bien, et sans appui, est de famille honnête ; et qu'à moins que de l'épouser, on ne peut souffrir ses poursuites. Voilà son amour augmenté par les difficultés. Il consulte dans sa tête, agite, raisonne, balance, prend sa résolution : le voilà marié avec elle depuis trois jours.

SCAPIN

J'entends.

SILVESTRE

Maintenant mets avec cela le retour imprévu du père, qu'on n'attendait que dans deux mois ;

---

1. Cf. Rotrou, *La Sœur*, acte I, sc. IV : ERGASTE, *à son maître Lélie* : « Si de ce long récit vous n'abrégez le cours / Le jour achèvera plus tôt que ce discours. / Laissez-le-moi finir avec une parole. »

la découverte que l'oncle a faite du secret de notre mariage, et l'autre mariage qu'on veut faire de lui avec la fille que le seigneur Géronte a eue d'une seconde femme qu'on dit qu'il a épousée à Tarente.

OCTAVE

Et par-dessus tout cela, mets encore l'indigence où se trouve cette aimable personne, et l'impuissance où je me vois d'avoir de quoi la secourir.

SCAPIN

Est-ce là tout? Vous voilà bien embarrassés tous deux pour une bagatelle. C'est bien là de quoi se tant alarmer. N'as-tu point de honte, toi, de demeurer court à si peu de chose? Que diable! te voilà grand et gros comme père et mère, et tu ne saurais trouver dans ta tête, forger dans ton esprit quelque ruse galante, quelque honnête petit stratagème, pour ajuster vos affaires? Fi[1]! peste soit du butor! Je voudrais bien que l'on m'eût donné autrefois nos vieillards à duper; je les aurais joués tous deux par-dessous la jambe[2]; et je n'étais pas

---

1. *Fi!* : interjection exprimant le mépris.
2. « Il a tant d'avantage sur vous qu'il vous jouerait par-dessous la jambe » (Furetière). Sans difficulté.

plus grand que cela que je me signalais déjà par cent tours d'adresse jolis[1].

SILVESTRE

J'avoue que le Ciel ne m'a pas donné tes talents, et que je n'ai pas l'esprit, comme toi, de me brouiller avec la justice.

OCTAVE

Voici mon aimable Hyacinte.

SCÈNE III

HYACINTE, OCTAVE, SCAPIN,
SILVESTRE

HYACINTE

Ah! Octave, est-il vrai ce que Silvestre vient de dire à Nérine? que votre père est de retour, et qu'il veut vous marier?

OCTAVE

Oui, belle Hyacinte, et ces nouvelles m'ont donné une atteinte cruelle. Mais que vois-je? vous pleurez! Pourquoi ces larmes? Me soup-

---

1. *Joli*, au sens de spirituel (Furetière).

çonnez-vous, dites-moi, de quelque infidélité, et n'êtes-vous pas assurée de l'amour que j'ai pour vous ?

HYACINTE

Oui, Octave, je suis sûre que vous m'aimez ; mais je ne le suis pas que vous m'aimiez toujours.

OCTAVE

Eh ! peut-on vous aimer qu'on ne vous aime toute sa vie ?

HYACINTE

J'ai ouï dire, Octave, que votre sexe aime moins longtemps que le nôtre, et que les ardeurs que les hommes font voir sont des feux qui s'éteignent aussi facilement qu'ils naissent.

OCTAVE

Ah ! ma chère Hyacinte, mon cœur n'est donc pas fait comme celui des autres hommes, et je sens bien pour moi que je vous aimerai jusqu'au tombeau.

HYACINTE

Je veux croire que vous sentez ce que vous dites, et je ne doute point que vos paroles ne soient sincères ; mais je crains un pouvoir qui combattra dans votre cœur les tendres sentiments que vous pouvez avoir pour moi. Vous dépendez d'un père, qui veut vous marier à une autre personne; et je suis sûre que je mourrai, si ce malheur m'arrive.

OCTAVE

Non, belle Hyacinte, il n'y a point de père qui puisse me contraindre à vous manquer de foi, et je me résoudrai à quitter mon pays, et le jour même, s'il est besoin, plutôt qu'à vous quitter. J'ai déjà pris, sans l'avoir vue, une aversion effroyable pour celle que l'on me destine; et, sans être cruel, je souhaiterais que la mer l'écartât d'ici pour jamais. Ne pleurez donc point, je vous prie, mon aimable Hyacinte, car vos larmes me tuent, et je ne les puis voir sans me sentir percer le cœur.

HYACINTE

Puisque vous le voulez, je veux bien essuyer mes pleurs, et j'attendrai d'un œil constant ce qu'il plaira au Ciel de résoudre de moi.

OCTAVE

Le Ciel nous sera favorable.

HYACINTE

Il ne saurait m'être contraire, si vous m'êtes fidèle.

OCTAVE

Je le serai assurément.

HYACINTE

Je serai donc heureuse.

SCAPIN

Elle n'est pas tant sotte, ma foi! et je la trouve assez passable.

OCTAVE

Voici un homme qui pourrait bien, s'il le voulait, nous être, dans tous nos besoins, d'un secours merveilleux.

SCAPIN

J'ai fait de grands serments de ne me mêler plus du monde; mais, si vous m'en priez bien fort tous deux, peut-être...

OCTAVE

Ah! s'il ne tient qu'à te prier bien fort pour obtenir ton aide, je te conjure de tout mon cœur de prendre la conduite de notre barque[1].

---

1. *Conduire sa barque* : s'occuper d'une affaire.

SCAPIN

Et vous, ne me dites-vous rien ?

HYACINTE

Je vous conjure, à son exemple, par tout ce qui vous est le plus cher au monde, de vouloir servir notre amour.

SCAPIN

Il faut se laisser vaincre, et avoir de l'humanité. Allez, je veux m'employer pour vous.

OCTAVE

Crois que...

SCAPIN

Chut ! Allez-vous-en, vous, et soyez en repos. Et vous, préparez-vous à soutenir avec fermeté l'abord de votre père.

OCTAVE

Je t'avoue que cet abord me fait trembler par avance, et j'ai une timidité naturelle que je ne saurais vaincre.

SCAPIN

Il faut pourtant paraître ferme au premier choc, de peur que, sur votre faiblesse, il ne prenne le pied[1] de vous mener comme un enfant. Là, tâchez de vous composer[2] par étude. Un peu de hardiesse, et songez à répondre résolument sur tout ce qu'il pourra vous dire.

OCTAVE

Je ferai du mieux que je pourrai.

SCAPIN

Çà, essayons un peu, pour vous accoutumer. Répétons un peu votre rôle et voyons si vous ferez bien. Allons. La mine résolue, la tête haute, les regards assurés.

OCTAVE

Comme cela ?

SCAPIN

Encore un peu davantage.

OCTAVE

Ainsi ?

SCAPIN

Bon. Imaginez-vous que je suis votre père qui arrive, et répondez-moi fermement, comme si c'était à lui-même. « Comment, pendard, vau-

---

1. *Prendre le pied de* : se mettre en mesure de, se donner le pouvoir de…
2. *Composer* : se donner une contenance.

rien, infâme, fils indigne d'un père comme moi, oses-tu bien paraître devant mes yeux, après tes bons déportements[1], après le lâche tour que tu m'as joué pendant mon absence? Est-ce là le fruit de mes soins, maraud? est-ce là le fruit de mes soins? le respect qui m'est dû? le respect que tu me conserves?» Allons donc. «Tu as l'insolence, fripon, de t'engager sans le consentement de ton père, de contracter un mariage clandestin? Réponds-moi, coquin, réponds-moi. Voyons un peu tes belles raisons.» Oh! que diable! vous demeurez interdit!

OCTAVE

C'est que je m'imagine que c'est mon père que j'entends.

SCAPIN

Eh! oui. C'est par cette raison qu'il ne faut pas être comme un innocent.

OCTAVE

Je m'en vais prendre plus de résolution, et je répondrai fermement.

SCAPIN

Assurément?

---

1. *Déportements* : écarts de conduite, excès, fredaines.

OCTAVE

Assurément.

SILVESTRE

Voilà votre père qui vient.

OCTAVE

Ô Ciel ! je suis perdu.

SCAPIN

Holà ! Octave, demeurez. Octave ! Le voilà enfui. Quelle pauvre espèce d'homme ! Ne laissons pas d'attendre le vieillard.

SILVESTRE

Que lui dirai-je ?

SCAPIN

Laisse-moi dire, moi, et ne fais que me suivre.

SCÈNE IV

ARGANTE, SCAPIN, SILVESTRE

ARGANTE

A-t-on jamais ouï parler d'une action pareille à celle-là ?

SCAPIN

Il a déjà appris l'affaire, et elle lui tient si fort en tête que tout seul il en parle haut.

ARGANTE

Voilà une témérité bien grande !

SCAPIN

Écoutons-le un peu.

ARGANTE

Je voudrais bien savoir ce qu'ils me pourront dire sur ce beau mariage.

SCAPIN

Nous y avons songé.

ARGANTE

Tâcheront-ils de me nier la chose ?

SCAPIN

Non, nous n'y pensons pas.

ARGANTE

Ou s'ils entreprendront de l'excuser?

SCAPIN

Celui-là se pourra faire.

ARGANTE

Prétendront-ils m'amuser par des contes en l'air?

SCAPIN

Peut-être.

ARGANTE

Tous leurs discours seront inutiles.

SCAPIN

Nous allons voir.

ARGANTE

Ils ne m'en donneront point à garder[1].

---

1. Il vous en a bien donné à garder : il vous en a bien fait accroire.

SCAPIN

Ne jurons de rien.

ARGANTE

Je saurai mettre mon pendard de fils en lieu de sûreté.

SCAPIN

Nous y pourvoirons.

ARGANTE

Et pour le coquin de Silvestre, je le rouerai de coups.

SILVESTRE

J'étais bien étonné s'il m'oubliait.

ARGANTE

Ah! ah! vous voilà donc, sage gouverneur de famille, beau directeur[1] de jeunes gens.

SCAPIN

Monsieur, je suis ravi de vous voir de retour.

---

1. *Gouverneur* et *directeur* sont par une ironie très volontaire impropres et emphatiques, s'appliquant à un «valet». «*Gouverneur* : celui qui a soin de l'éducation d'un jeune prince, d'un seigneur, des enfants de bonne maison» (Furetière). *Directeur* : de conscience.

ARGANTE

Bonjour, Scapin. Vous avez suivi mes ordres vraiment d'une belle manière, et mon fils s'est comporté fort sagement pendant mon absence.

SCAPIN

Vous vous portez bien, à ce que je vois?

ARGANTE

Assez bien. *(À Silvestre.)* Tu ne dis mot, coquin, tu ne dis mot.

SCAPIN

Votre voyage a-t-il été bon?

ARGANTE

Mon Dieu! fort bien. Laisse-moi un peu quereller en repos.

SCAPIN

Vous voulez quereller?

ARGANTE

Oui, je veux quereller.

SCAPIN

Et qui, Monsieur?

SCAPIN

Ce maraud-là.

SCAPIN

Pourquoi ?

ARGANTE

Tu n'as pas ouï parler de ce qui s'est passé dans mon absence ?

SCAPIN

J'ai bien ouï parler de quelque petite chose.

ARGANTE

Comment quelque petite chose ! Une action de cette nature ?

SCAPIN

Vous avez quelque raison.

ARGANTE

Une hardiesse pareille à celle-là ?

SCAPIN

Cela est vrai.

ARGANTE

Un fils qui se marie sans le consentement de son père ?

SCAPIN

Oui, il y a quelque chose à dire à cela. Mais je serais d'avis que vous ne fissiez point de bruit.

ARGANTE

Je ne suis pas de cet avis, moi, et je veux faire du bruit tout mon soûl. Quoi? tu ne trouves pas que j'aie tous les sujets du monde d'être en colère?

SCAPIN

Si fait. J'y ai d'abord été, moi, lorsque j'ai su la chose, et je me suis intéressé pour vous, jusqu'à quereller votre fils. Demandez-lui un peu quelles belles réprimandes je lui ai faites, et comme je l'ai chapitré sur le peu de respect qu'il gardait à un père dont il devait baiser les pas? On ne peut pas lui mieux parler, quand ce serait vous-même. Mais quoi? je me suis rendu à la raison, et j'ai considéré que, dans le fond, il n'a pas tant de tort qu'on pourrait croire.

ARGANTE

Que me viens-tu conter? Il n'a pas tant de tort de s'aller marier de but en blanc avec une inconnue?

SCAPIN

Que voulez-vous ? il y a été poussé par sa destinée.

ARGANTE

Ah ! ah ! voici une raison la plus belle du monde. On n'a plus qu'à commettre tous les crimes imaginables, tromper, voler, assassiner, et dire pour excuse qu'on y a été poussé par sa destinée.

SCAPIN

Mon Dieu ! vous prenez mes paroles trop en philosophe. Je veux dire qu'il s'est trouvé fatalement engagé dans cette affaire.

ARGANTE

Et pourquoi s'y engageait-il ?

SCAPIN

Voulez-vous qu'il soit aussi sage que vous ? Les jeunes gens sont jeunes, et n'ont pas toute la prudence qu'il leur faudrait pour ne rien faire que de raisonnable : témoin notre Léandre, qui, malgré toutes mes leçons, malgré toutes mes remontrances, est allé faire de son côté pis encore que votre fils. Je voudrais bien savoir si vous-même n'avez pas été jeune, et n'avez pas, dans votre temps, fait des fredaines comme les autres. J'ai ouï dire, moi, que vous avez été autrefois un compagnon[1] parmi les femmes, que vous faisiez de votre drôle[2] avec les plus galantes de ce temps-là, et que vous n'en approchiez point que vous ne poussassiez à bout.

ARGANTE

Cela est vrai, j'en demeure d'accord; mais je m'en suis toujours tenu à la galanterie, et je n'ai point été jusqu'à faire ce qu'il a fait.

SCAPIN

Que vouliez-vous qu'il fît? Il voit une jeune personne qui lui veut du bien (car il tient cela de vous, d'être aimé de toutes les femmes). Il la trouve charmante. Il lui rend des visites, lui conte des douceurs, soupire galamment, fait le passionné. Elle se rend à sa poursuite. Il pousse sa fortune. Le voilà surpris avec elle par ses parents, qui, la force à la main[3], le contraignent de l'épouser.

SILVESTRE

L'habile fourbe que voilà!

---

1. Abrégé de l'expression ordinaire: un *bon* compagnon, «qui aime la joie» (Furetière).
2. *Faire de son drôle*: se comporter en bon compagnon, homme de débauche, plaisant et gaillard.
3. En ayant recours à la violence.

SCAPIN

Eussiez-vous voulu qu'il se fût laissé tuer ?
Il vaut mieux encore être marié qu'être mort.

ARGANTE

On ne m'a pas dit que l'affaire se soit ainsi passée.

SCAPIN

Demandez-lui plutôt : il ne vous dira pas le contraire.

ARGANTE

C'est par force qu'il a été marié ?

SILVESTRE

Oui, Monsieur.

SCAPIN

Voudrais-je vous mentir ?

ARGANTE

Il devait donc aller tout aussitôt protester de violence[1] chez un notaire.

SCAPIN

C'est ce qu'il n'a pas voulu faire.

---

1. Protester pour cause de violence.

ARGANTE

Cela m'aurait donné plus de facilité à rompre ce mariage !

SCAPIN

Rompre ce mariage !

ARGANTE

Oui.

SCAPIN

Vous ne le romprez point.

ARGANTE

Je ne le romprai point ?

SCAPIN

Non.

ARGANTE

Quoi ? je n'aurai pas pour moi les droits de père, et la raison de la violence qu'on a faite à mon fils ?

SCAPIN

C'est une chose dont il ne demeurera pas d'accord.

ARGANTE

Il n'en demeurera pas d'accord ?

SCAPIN

Non.

ARGANTE

Mon fils ?

SCAPIN

Votre fils. Voulez-vous qu'il confesse qu'il ait été capable de crainte, et que ce soit par force qu'on lui ait fait faire les choses ? Il n'a garde d'aller avouer cela. Ce serait se faire tort, et se montrer indigne d'un père comme vous.

ARGANTE

Je me moque de cela.

SCAPIN

Il faut, pour son honneur, et pour le vôtre, qu'il dise dans le monde que c'est de bon gré qu'il l'a épousée.

ARGANTE

Et je veux, moi, pour mon honneur et pour le sien, qu'il dise le contraire.

SCAPIN

Non, je suis sûr qu'il ne le fera pas.

ARGANTE

Je l'y forcerai bien.

SCAPIN

Il ne le fera pas, vous dis-je.

ARGANTE

Il le fera, ou je le déshériterai[1].

SCAPIN

Vous ?

ARGANTE

Moi.

---

1. Déjà dans *Le Tartuffe*, acte II, sc. II, Dorine soutenait devant Orgon qu'il ne marierait pas sa fille avec Tartuffe. C'était la première idée de ce développement. Le dialogue sera repris, avec simplement l'idée de mettre au couvent au lieu de déshériter, dans *Le Malade imaginaire*, acte I, sc. v, entre Toinette et Argan. Si bien que l'éditeur de 1682, La Grange, a supprimé dans *Les Fourberies de Scapin* la partie du dialogue qui va de «Il ne le fera pas, vous dis-je, [p. 54, l. 3]» à «Finissons ce discours [p. 57, l. 8]». Il ne voulait sans doute pas laisser apparaître que Molière s'était imité lui-même. Le dialogue était bien pourtant dans l'édition originale. Cette «amélioration» de la part d'un éditeur au demeurant fidèle peut inquiéter.

SCAPIN

Bon.

ARGANTE

Comment, bon !

SCAPIN

Vous ne le déshériterez point.

ARGANTE

Je ne le déshériterai point ?

SCAPIN

Non.

ARGANTE

Non ?

SCAPIN

Non.

ARGANTE

Hoy ! Voici qui est plaisant : je ne déshériterai pas mon fils.

SCAPIN

Non, vous dis-je.

ARGANTE

Qui m'en empêchera ?

SCAPIN

Vous-même.

ARGANTE

Moi ?

SCAPIN

Oui. Vous n'aurez pas ce cœur-là.

ARGANTE

Je l'aurai.

SCAPIN

Vous vous moquez.

ARGANTE

Je ne me moque point.

SCAPIN

La tendresse paternelle fera son office.

ARGANTE

Elle ne fera rien.

SCAPIN

Oui, oui.

ARGANTE

Je vous dis que cela sera.

SCAPIN

Bagatelles.

ARGANTE

Il ne faut point dire bagatelles.

SCAPIN

Mon Dieu ! je vous connais, vous êtes bon naturellement.

ARGANTE

Je ne suis point bon, et je suis méchant quand je veux. Finissons ce discours qui m'échauffe la bile. Va-t'en, pendard, va-t'en me chercher mon fripon, tandis que j'irai rejoindre le seigneur Géronte, pour lui conter ma disgrâce.

SCAPIN

Monsieur, si je vous puis être utile en quelque chose, vous n'avez qu'à me commander.

ARGANTE

Je vous remercie. Ah! pourquoi faut-il qu'il soit fils unique! et que n'ai-je à cette heure la fille que le Ciel m'a ôtée, pour la faire mon héritière!

SCÈNE V

SCAPIN, SILVESTRE

SILVESTRE

J'avoue que tu es un grand homme, et voilà l'affaire en bon train; mais l'argent, d'autre part, nous presse pour notre subsistance, et nous avons, de tous côtés, des gens qui aboient après nous.

SCAPIN

Laisse-moi faire, la machine[1] est trouvée. Je cherche seulement dans ma tête un homme qui nous soit affidé[2], pour jouer un personnage dont j'ai besoin. Attends. Tiens-toi un

---

1. *La machine* désigne l'artifice, la ruse.
2. À qui on peut se fier.

peu. Enfonce ton bonnet en méchant garçon[1].
Campe-toi sur un pied. Mets la main au côté.
Fais les yeux furibonds. Marche un peu en roi
de théâtre[2]. Voilà qui est bien. Suis-moi. J'ai
des secrets pour déguiser ton visage et ta voix.

SILVESTRE

Je te conjure au moins de ne m'aller point
brouiller avec la justice.

SCAPIN

Va, va : nous partagerons les périls en frères ;
et trois ans de galère de plus ou de moins ne
sont pas pour arrêter un noble cœur.

---

1. « On dit [qu'un jeune homme] fait le *méchant garçon* pour dire qu'il menace, qu'il frappe, qu'il est brave et dangereux » (Furetière).
2. On songe au cruel croquis de Montfleury, comédien jouant les rois à l'Hôtel de Bourgogne dans son rôle de Prusias dans *Nicomède* (*L'Impromptu de Versailles*, sc. 1).

ACTE II

SCÈNE PREMIÈRE

GÉRONTE, ARGANTE

GÉRONTE

Oui, sans doute, par le temps qu'il fait, nous aurons ici nos gens aujourd'hui ; et un matelot qui vient de Tarente m'a assuré qu'il avait vu mon homme qui était près de s'embarquer.
⁵ Mais l'arrivée de ma fille trouvera les choses mal disposées à ce que nous nous proposions ; et ce que vous venez de m'apprendre de votre fils rompt étrangement les mesures que nous avions prises ensemble.

ARGANTE

Ne vous mettez pas en peine : je vous réponds de renverser tout cet obstacle, et j'y vais travailler de ce pas.

GÉRONTE

Ma foi! seigneur Argante, voulez-vous que je vous dise? l'éducation des enfants est une chose à quoi il faut s'attacher fortement.

ARGANTE

Sans doute. À quel propos cela?

GÉRONTE

À propos de ce que les mauvais déportements des jeunes gens viennent le plus souvent de la mauvaise éducation que leurs pères leur donnent.

ARGANTE

Cela arrive parfois. Mais que voulez-vous dire par là?

GÉRONTE

Ce que je veux dire par là?

ARGANTE

Oui.

GÉRONTE

Que si vous aviez, en brave père, bien morigéné[1] votre fils, il ne vous aurait pas joué le tour qu'il vous a fait.

ARGANTE

Fort bien. De sorte donc que vous avez bien mieux morigéné le vôtre ?

GÉRONTE

Sans doute, et je serais bien fâché qu'il m'eût rien fait approchant de cela.

ARGANTE

Et si ce fils que vous avez, en brave père, si bien morigéné, avait fait pis encore que le mien ? eh ?

GÉRONTE

Comment ?

ARGANTE

Comment ?

---

1. *Morigéner* signifie élever : un fils bien morigéné, instruit aux bonnes mœurs. Ce sens étymologique a disparu et le verbe signifie aujourd'hui gronder, réprimander. — La forme *morigéner* ne l'emporte sur *moriginer* qu'à la fin du XVIIe siècle.

GÉRONTE

Qu'est-ce que cela veut dire ?

ARGANTE

Cela veut dire, seigneur Géronte, qu'il ne faut pas être si prompt à condamner la conduite des autres ; et que ceux qui veulent gloser[1] doivent bien regarder chez eux s'il n'y a rien qui cloche.

GÉRONTE

Je n'entends point cette énigme.

ARGANTE

On vous l'expliquera.

GÉRONTE

Est-ce que vous auriez ouï dire quelque chose de mon fils ?

ARGANTE

Cela se peut faire.

GÉRONTE

Et quoi encore ?

---

1. *Gloser sur* : commenter, critiquer, non sans une certaine méchanceté ou moquerie.

ARGANTE

Votre Scapin, dans mon dépit, ne m'a dit la chose qu'en gros ; et vous pourrez de lui, ou de quelque autre, être instruit du détail. Pour moi, je vais vite consulter un avocat, et aviser des biais que j'ai à prendre. Jusqu'au revoir.

SCÈNE II

LÉANDRE, GÉRONTE

GÉRONTE

Que pourrait-ce être que cette affaire-ci ? Pis encore que le sien ? Pour moi, je ne vois pas ce que l'on peut faire de pis ; et je trouve que se marier sans le consentement de son père est une action qui passe tout ce qu'on peut s'imaginer. Ah ! vous voilà !

LÉANDRE, *en courant à lui pour l'embrasser*

Ah ! mon père, que j'ai de joie de vous voir de retour !

GÉRONTE, *refusant de l'embrasser*

Doucement. Parlons un peu d'affaire.

LÉANDRE

Souffrez que je vous embrasse, et que...

GÉRONTE, *le repoussant encore*

Doucement, vous dis-je.

LÉANDRE

Quoi ? vous me refusez, mon père, de vous exprimer mon transport[1] par mes embrassements !

GÉRONTE

Oui ! nous avons quelque chose à démêler ensemble.

LÉANDRE

Et quoi ?

GÉRONTE

Tenez-vous, que je vous voie en face.

LÉANDRE

Comment ?

---

1. Le *transport* est une vive émotion, la manifestation violente d'une passion (ici la joie du fils de revoir son père).

GÉRONTE

Regardez-moi entre deux yeux.

LÉANDRE

Hé bien?

GÉRONTE

Qu'est-ce donc qu'il s'est passé ici?

LÉANDRE

Ce qui s'est passé?

GÉRONTE

Oui. Qu'avez-vous fait dans mon absence?

LÉANDRE

Que voulez-vous, mon père, que j'aie fait?

GÉRONTE

Ce n'est pas moi qui veux que vous ayez fait, mais qui demande ce que c'est que vous avez fait.

LÉANDRE

Moi, je n'ai fait aucune chose dont vous ayez lieu de vous plaindre.

GÉRONTE

Aucune chose ?

LÉANDRE

Non.

GÉRONTE

Vous êtes bien résolu[1].

LÉANDRE

C'est que je suis sûr de mon innocence.

GÉRONTE

Scapin pourtant a dit de vos nouvelles.

LÉANDRE

Scapin !

GÉRONTE

Ah ! ah ! ce mot vous fait rougir.

LÉANDRE

Il vous a dit quelque chose de moi ?

---

1. « *Résolu* : hardi » (Richelet, *Dictionnaire français*, 1680), brave, déterminé.

GÉRONTE

Ce lieu n'est pas tout à fait propre à vuider[1] cette affaire, et nous allons l'examiner ailleurs. Qu'on se rende au logis. J'y vais revenir tout à l'heure. Ah ! traître, s'il faut que tu me déshonores, je te renonce pour[2] mon fils, et tu peux bien pour jamais te résoudre à fuir de ma présence.

SCÈNE III

OCTAVE, SCAPIN, LÉANDRE

LÉANDRE

Me trahir de cette manière ! Un coquin qui doit, par cent raisons, être le premier à cacher les choses que je lui confie, est le premier à les aller découvrir à mon père. Ah ! je jure le Ciel que cette trahison ne demeurera pas impunie.

OCTAVE

Mon cher Scapin, que ne dois-je point à tes soins ! Que tu es un homme admirable ! et que

---

1. *Vuider* : forme ancienne de vider. *Vider une querelle* signifie la terminer.
2. *Renoncer quelqu'un pour* : refuser de le reconnaître.

le Ciel m'est favorable de t'envoyer à mon secours !

LÉANDRE

Ah ! ah ! vous voilà. Je suis ravi de vous trouver, Monsieur le coquin.

SCAPIN

Monsieur, votre serviteur. C'est trop d'honneur que vous me faites.

LÉANDRE, *en mettant l'épée à la main*

Vous faites le méchant plaisant. Ah ! je vous apprendrai...

SCAPIN, *se mettant à genoux*

Monsieur.

OCTAVE, *se mettant entre deux pour empêcher Léandre de le frapper*

Ah ! Léandre.

LÉANDRE

Non, Octave, ne me retenez point, je vous prie.

SCAPIN

Eh ! Monsieur.

OCTAVE, *le retenant*

De grâce !

LÉANDRE, *voulant frapper Scapin*

Laissez-moi contenter mon ressentiment.

OCTAVE

Au nom de l'amitié, Léandre, ne le maltraitez point.

SCAPIN

Monsieur, que vous ai-je fait ?

LÉANDRE, *voulant le frapper*

Ce que tu m'as fait, traître !

OCTAVE, *le retenant*

Eh ! doucement.

LÉANDRE

Non, Octave, je veux qu'il me confesse lui-même tout à l'heure la perfidie qu'il m'a faite. Oui, coquin, je sais le trait que tu m'as joué, on vient de me l'apprendre ; et tu ne croyais pas peut-être que l'on me dût révéler ce secret ; mais je veux en avoir la confession de ta propre bouche, ou je vais te passer cette épée au travers du corps.

SCAPIN

Ah! Monsieur, auriez-vous bien ce cœur-là?

LÉANDRE

Parle donc.

SCAPIN

Je vous ai fait quelque chose, Monsieur?

LÉANDRE

Oui, coquin, et ta conscience ne te dit que trop ce que c'est.

SCAPIN

Je vous assure que je l'ignore.

LÉANDRE, *s'avançant pour le frapper*

Tu l'ignores!

OCTAVE, *le retenant*

Léandre.

SCAPIN

Hé bien! Monsieur, puisque vous le voulez, je vous confesse que j'ai bu avec mes amis ce petit quartaut[1] de vin d'Espagne dont on vous

---

1. 70 litres environ.

fit présent il y a quelques jours; et que c'est moi qui fis une fente au tonneau, et répandis de l'eau autour, pour faire croire que le vin s'était échappé.

LÉANDRE

C'est toi, pendard, qui m'as bu mon vin d'Espagne, et qui as été cause que j'ai tant querellé la servante, croyant que c'était elle qui m'avait fait le tour?

SCAPIN

Oui, Monsieur : je vous en demande pardon.

LÉANDRE

Je suis bien aise d'apprendre cela; mais ce n'est pas l'affaire dont il est question maintenant.

SCAPIN

Ce n'est pas cela, Monsieur?

LÉANDRE

Non : c'est une autre affaire qui me touche bien plus, et je veux que tu me la dises.

SCAPIN

Monsieur, je ne me souviens pas d'avoir fait autre chose.

LÉANDRE, *le voulant frapper*

Tu ne veux pas parler ?

SCAPIN

Eh !

OCTAVE, *le retenant*

Tout doux.

SCAPIN

Oui, Monsieur, il est vrai qu'il y a trois semaines que vous m'envoyâtes porter, le soir, une petite montre à la jeune Égyptienne que vous aimez. Je revins au logis mes habits tout couverts de boue, et le visage plein de sang, et vous dis que j'avais trouvé des voleurs qui m'avaient bien battu, et m'avaient dérobé la montre. C'était moi, Monsieur, qui l'avais retenue.

LÉANDRE

C'est toi qui as retenu ma montre ?

SCAPIN

Oui, Monsieur, afin de voir quelle heure il est.

LÉANDRE

Ah! ah! j'apprends ici de jolies choses, et j'ai un serviteur fort fidèle vraiment. Mais ce n'est pas encore cela que je demande.

SCAPIN

Ce n'est pas cela?

LÉANDRE

Non, infâme : c'est autre chose encore que je veux que tu me confesses.

SCAPIN

Peste!

LÉANDRE

Parle vite, j'ai hâte.

SCAPIN

Monsieur, voilà tout ce que j'ai fait.

LÉANDRE, *voulant frapper Scapin*

Voilà tout?

OCTAVE, *se mettant au-devant*

Eh!

SCAPIN

Hé bien! oui, Monsieur : vous vous souvenez de ce loup-garou[1], il y a six mois, qui vous donna tant de coups de bâton la nuit, et vous pensa faire rompre le cou dans une cave où vous tombâtes en fuyant.

LÉANDRE

Hé bien!

SCAPIN

C'était moi, Monsieur, qui faisais le loup-garou.

LÉANDRE

C'était toi, traître, qui faisais le loup-garou?

SCAPIN

Oui, Monsieur, seulement pour vous faire peur, et vous ôter l'envie de nous faire courir, toutes les nuits, comme vous aviez de coutume.

LÉANDRE

Je saurai me souvenir, en temps et lieu, de tout ce que je viens d'apprendre. Mais je veux

1. Le *loup-garou* est un diable qui court les rues en commettant des méfaits.

venir au fait, et que tu me confesses ce que tu as dit à mon père.

SCAPIN

À votre père ?

LÉANDRE

Oui, fripon, à mon père.

SCAPIN

Je ne l'ai pas seulement vu depuis son retour.

LÉANDRE

Tu ne l'as pas vu ?

SCAPIN

Non, Monsieur.

LÉANDRE

Assurément ?

SCAPIN

Assurément. C'est une chose que je vais vous faire dire par lui-même.

LÉANDRE

C'est de sa bouche que je le tiens pourtant.

SCAPIN

Avec votre permission, il n'a pas dit la vérité.

SCÈNE IV

CARLE, SCAPIN, LÉANDRE, OCTAVE

CARLE

Monsieur, je vous apporte une nouvelle qui est fâcheuse pour votre amour ?

LÉANDRE

Comment ?

CARLE

Vos Égyptiens sont sur le point de vous enlever Zerbinette, et elle-même, les larmes aux yeux, m'a chargé de venir promptement vous dire que si, dans deux heures, vous ne songez à leur porter l'argent qu'ils vous ont demandé pour elle, vous l'allez perdre pour jamais.

LÉANDRE

Dans deux heures ?

CARLE

Dans deux heures.

LÉANDRE

Ah ! mon pauvre Scapin, j'implore ton secours !

SCAPIN, *passant devant lui avec un air fier*

« Ah ! mon pauvre Scapin. » Je suis « mon pauvre Scapin » à cette heure qu'on a besoin de moi.

LÉANDRE

Va, je te pardonne tout ce que tu viens de me dire, et pis encore, si tu me l'as fait.

SCAPIN

Non, non, ne me pardonnez rien. Passez-moi votre épée au travers du corps. Je serai ravi que vous me tuiez.

LÉANDRE

Non. Je te conjure plutôt de me donner la vie, en servant mon amour.

SCAPIN

Point, point : vous ferez mieux de me tuer.

LÉANDRE

Tu m'es trop précieux ; et je te prie de vouloir employer pour moi ce génie admirable, qui vient à bout de toute chose.

SCAPIN

Non : tuez-moi, vous dis-je.

LÉANDRE

Ah ! de grâce, ne songe plus à tout cela, et pense à me donner le secours que je te demande !

OCTAVE

Scapin, il faut faire quelque chose pour lui.

SCAPIN

Le moyen, après une avanie[1] de la sorte ?

LÉANDRE

Je te conjure d'oublier mon emportement et de me prêter ton adresse.

OCTAVE

Je joins mes prières aux siennes.

SCAPIN

J'ai cette insulte-là[2] sur le cœur.

OCTAVE

Il faut quitter ton ressentiment.

---

1. Le mot est très fort : « grande honte qu'on fait à quelqu'un » (Furetière).
2. *Insulte* aussi est très fort. Il n'est pas synonyme d'injure, mais d'attaque : Léandre a voulu frapper Scapin.

LÉANDRE

Voudrais-tu m'abandonner, Scapin, dans la cruelle extrémité où se voit mon amour ?

SCAPIN

Me venir faire, à l'improviste, un affront comme celui-là !

LÉANDRE

J'ai tort, je le confesse.

SCAPIN

Me traiter de coquin, de fripon, de pendard, d'infâme !

LÉANDRE

J'en ai tous les regrets du monde.

SCAPIN

Me vouloir passer son épée au travers du corps !

LÉANDRE

Je t'en demande pardon de tout mon cœur ; et s'il ne tient qu'à me jeter à tes genoux, tu m'y vois, Scapin, pour te conjurer encore une fois de ne me point abandonner.

OCTAVE

Ah ! ma foi ! Scapin, il se faut rendre à cela.

SCAPIN

Levez-vous. Une autre fois, ne soyez point si prompt.

LÉANDRE

Me promets-tu de travailler pour moi ?

SCAPIN

On y songera.

LÉANDRE

Mais tu sais que le temps presse.

SCAPIN

Ne vous mettez pas en peine. Combien est-ce qu'il vous faut ?

LÉANDRE

Cinq cents écus.

SCAPIN

Et à vous ?

OCTAVE

Deux cents pistoles.

SCAPIN

Je veux tirer cet argent de vos pères. Pour ce qui est du vôtre, la machine est déjà toute trouvée ; et quant au vôtre, bien qu'avare au dernier degré, il y faudra moins de façons encore, car vous savez que, pour l'esprit, il n'en a pas, grâces à Dieu ! grande provision et je le livre pour une espèce d'homme à qui l'on fera toujours croire tout ce que l'on voudra. Cela ne vous offense point : il ne tombe entre lui et vous aucun soupçon de ressemblance ; et vous savez assez l'opinion de tout le monde, qui veut qu'il ne soit votre père que pour la forme[1].

LÉANDRE

Tout beau, Scapin.

SCAPIN

Bon, bon, on fait bien scrupule de cela : vous moquez-vous ? Mais j'aperçois venir le père d'Octave. Commençons par lui, puisqu'il se présente. Allez-vous-en tous deux. Et vous, avertissez votre Silvestre de venir vite jouer son rôle.

---

1. Selon Scapin, tout le monde est d'avis que Géronte n'est pas le père biologique de Léandre.

SCÈNE V

ARGANTE, SCAPIN

SCAPIN

Le voilà qui rumine.

ARGANTE

Avoir si peu de conduite et de considération! s'aller jeter dans un engagement comme celui-là! Ah, ah! jeunesse impertinente!

SCAPIN

Monsieur, votre serviteur.

ARGANTE

Bonjour, Scapin.

SCAPIN

Vous rêvez à l'affaire de votre fils.

ARGANTE

Je t'avoue que cela me donne un furieux chagrin.

SCAPIN

Monsieur, la vie est mêlée de traverses[1]. Il est bon de s'y tenir sans cesse préparé ; et j'ai ouï dire, il y a longtemps, une parole d'un ancien[2] que j'ai toujours retenue.

ARGANTE

Quoi ?

SCAPIN

Que pour peu qu'un père de famille ait été absent de chez lui, il doit promener son esprit sur tous les fâcheux accidents que son retour peut rencontrer : se figurer sa maison brûlée, son argent dérobé, sa femme morte, son fils estropié, sa fille subornée[3] ; et ce qu'il trouve qu'il ne lui est point arrivé, l'imputer à bonne fortune. Pour moi, j'ai pratiqué toujours cette

---

1. *Traverse* : malheur, obstacle.
2. Ces propos que Scapin attribue à un ancien sont en effet de Térence. Dans le *Phormio*, acte II, sc. I, le père se lamente sur le mariage inattendu de son fils ; un père de famille doit s'attendre à toutes les disgrâces et considérer comme bénéfice les malheurs qui ne lui seront pas arrivés. L'esclave répond par un couplet symétrique ; il évoque ses malheurs possibles et conclut de même à considérer comme bénéfice les disgrâces qui ne lui seront pas arrivées. Molière a uni les deux couplets dans la bouche de Scapin et, d'être réunis, ils prennent une saveur supplémentaire.
3. *Suborner quelqu'un* : le détourner du droit chemin. Suborner une jeune fille, c'est la séduire.

leçon dans ma petite philosophie ; et je ne suis jamais revenu au logis que je ne me sois tenu prêt à la colère de mes maîtres, aux réprimandes, aux injures, aux coups de pied au cul, aux bastonnades, aux étrivières[1] ; et ce qui a manqué à m'arriver, j'en ai rendu grâce à mon bon destin.

ARGANTE

Voilà qui est bien. Mais ce mariage impertinent qui trouble celui que nous voulons faire est une chose que je ne puis souffrir, et je viens de consulter des avocats pour le faire casser.

SCAPIN

Ma foi ! Monsieur, si vous m'en croyez, vous tâcherez, par quelque autre voie, d'accommoder l'affaire. Vous savez ce que c'est que les procès en ce pays-ci, et vous allez vous enfoncer dans d'étranges épines.

ARGANTE

Tu as raison, je le vois bien. Mais quelle autre voie ?

---

1. *Donner les étrivières* : battre, donner des coups.

SCAPIN

Je pense que j'en ai trouvé une. La compassion que m'a donnée tantôt votre chagrin m'a obligé à chercher dans ma tête quelque moyen pour vous tirer d'inquiétude; car je ne saurais voir d'honnêtes pères chagrinés par leurs enfants que cela ne m'émeuve; et, de tout temps, je me suis senti pour votre personne une inclination particulière.

ARGANTE

Je te suis obligé.

SCAPIN

J'ai donc été trouver le frère de cette fille qui a été épousée. C'est un de ces braves[1] de profession, de ces gens qui sont tous coups d'épée, qui ne parlent que d'échiner[2], et ne font non plus de conscience de tuer un homme que d'avaler un verre de vin. Je l'ai mis sur ce mariage, lui ai fait voir quelle facilité offrait la raison de la violence[3] pour le faire casser, vos prérogatives du nom de père, l'appui que vous

---

1. «*Brave*: un bretteur, un assassin, un homme qu'on emploie à toutes sortes de méchantes actions. Cette courtisane a plusieurs braves qui la protègent» (Furetière).
2. «*Eschigner*: tuer, massacrer, assommer, rompre l'eschine» (Furetière).
3. Voir n. 1, p. 51.

donnerait auprès de la justice et votre droit, et votre argent, et vos amis. Enfin je l'ai tant tourné de tous les côtés qu'il a prêté l'oreille aux propositions que je lui ai faites d'ajuster l'affaire pour quelque somme ; et il donnera son consentement à rompre le mariage, pourvu que vous lui donniez de l'argent.

ARGANTE

Et qu'a-t-il demandé ?

SCAPIN

Oh ! d'abord, des choses par-dessus les maisons[1].

ARGANTE

Et quoi ?

SCAPIN

Des choses extravagantes.

---

1. Ici encore Molière a utilisé le *Phormio*, acte IV, sc. III. Par exemple : « CHRÉMÈS : Que demandait-il ? / GETA : Ce qu'il demandait ? Des choses extravagantes... / CHRÉMÈS : Mais encore ? / GETA : ... Si quelqu'un lui donnait la valeur d'un grand talent. / CHRÉMÈS : ... Mais plutôt un mal incurable... » L'adversaire demande de l'argent pour dégager une terre, puis pour dégager une maison, puis une petite servante, puis une servante robuste. Chrémès finit par céder, donne l'argent à l'esclave qui s'écrie : « J'ai tiré l'argent de la bourse de nos vieillards. »

ARGANTE

Mais encore ?

SCAPIN

Il ne parlait pas moins que de cinq ou six cents pistoles.

ARGANTE

Cinq ou six cents fièvres quartaines qui le puissent serrer[1] ! Se moque-t-il des gens ?

SCAPIN

C'est ce que je lui ai dit. J'ai rejeté bien loin de pareilles propositions, et je lui ai bien fait entendre que vous n'étiez point une dupe, pour vous demander des cinq ou six cents pistoles. Enfin, après plusieurs discours, voici où s'est réduit le résultat de notre conférence. « Nous voilà au temps, m'a-t-il dit, que je dois partir pour l'armée. Je suis après à m'équiper, et le besoin que j'ai de quelque argent me fait consentir, malgré moi, à ce qu'on me propose. Il me faut un cheval de service[2], et je n'en sau-

---

1. La *fièvre quarte* (ou *quartaine*) est une fièvre intermittente dans laquelle les accès reviennent le quatrième jour. Argante souhaite au frère de la jeune fille épousée par son fils des rafales de maladies.
2. Je comprends un *bon* cheval, d'après Furetière : « Plusieurs doivent des redevances à leur seigneur d'un *cheval de service*, d'un bon coureur. »

rais avoir un qui soit tant soit peu raisonnable à moins de soixante pistoles. »

ARGANTE

Hé bien ! pour soixante pistoles, je les donne.

SCAPIN

« Il faudra le harnois et les pistolets ; et cela ira bien à vingt pistoles encore. »

ARGANTE

Vingt pistoles, et soixante, ce serait quatre-vingts.

SCAPIN

Justement.

ARGANTE

C'est beaucoup ; mais soit, je consens à cela.

SCAPIN

« Il me faut aussi un cheval pour monter mon valet, qui coûtera bien trente pistoles. »

ARGANTE

Comment, diantre ! Qu'il se promène ! il n'aura rien du tout.

SCAPIN

Monsieur.

ARGANTE

Non, c'est un impertinent.

SCAPIN

Voulez-vous que son valet aille à pied ?

ARGANTE

Qu'il aille comme il lui plaira, et le maître aussi.

SCAPIN

Mon Dieu ! Monsieur, ne vous arrêtez point à peu de chose. N'allez point plaider, je vous prie, et donnez tout pour vous sauver des mains de la justice.

ARGANTE

Hé bien ! soit, je me résous à donner encore ces trente pistoles.

SCAPIN

« Il me faut encore, a-t-il dit, un mulet pour porter... »

ARGANTE

Oh ! qu'il aille au diable avec son mulet ! C'en est trop, et nous irons devant les juges.

SCAPIN

De grâce, Monsieur...

ARGANTE

Non, je n'en ferai rien.

SCAPIN

Monsieur, un petit mulet.

ARGANTE

Je ne lui donnerais pas seulement un âne.

SCAPIN

Considérez...

ARGANTE

Non ! j'aime mieux plaider.

SCAPIN

Eh ! Monsieur, de quoi parlez-vous là, et à quoi vous résolvez-vous ? Jetez les yeux sur les détours de la justice ; voyez combien d'appels et de degrés de juridiction, combien de procédures embarrassantes, combien d'animaux ravissants par les griffes desquels il vous faudra passer, sergents, procureurs, avocats, greffiers, substituts, rapporteurs, juges, et leurs clercs[1]. Il n'y a pas un de tous ces gens-là qui, pour la moindre chose, ne soit capable de donner un soufflet au meilleur droit du monde. Un sergent baillera de faux exploits, sur quoi vous serez condamné sans que vous le sachiez. Votre procureur s'entendra avec votre partie, et vous vendra à beaux deniers comptants. Votre avocat, gagné de même, ne se trouvera point lorsqu'on plaidera votre cause, ou dira des raisons qui ne feront que battre la campagne, et n'iront point au fait. Le greffier délivrera par contumace[2] des sentences et arrêts[3] contre vous. Le clerc du rapporteur soustraira des pièces, ou le rapporteur même ne dira pas ce qu'il a vu. Et

---

1. La multitude des justices royales, seigneuriales, ecclésiastiques, et leurs chevauchements étaient une des plaies de la justice. « Orante […] saura peut-être dans cinq années quels seront ses juges […] » (La Bruyère, *Les Caractères*, « De quelques usages », 41). La seconde plaie était la prolifération des gens de justice. « La chicane établie par une possession de plusieurs siècles, fertile en inventions contre les meilleures lois et enfin, ce qui la produit principalement, j'entends ce peuple excessif aimant les procès et les cultivant comme son propre héritage, sans autre application que d'en augmenter la durée et le nombre », écrivait Louis XIV (*Mémoires*). Molière rappelait ces abus au moment où une réforme, mieux intentionnée qu'efficace, aboutit à un nouveau code de procédure civile.

2. « *Contumace* : refus de comparaître, de se présenter en justice. Il se dit au civil aussi bien qu'au criminel » (Richelet). Argante sera donc jugé frauduleusement, comme s'il était absent. La condamnation par contumace est, au civil, définitive, si je comprends bien Furetière.

3. « *Sentence* : jugement rendu par des juges inférieurs et dont on peut appeler [faire appel]. — *Arrêt* : jugement ferme et stable d'une puissance souveraine » (Furetière), donc définitif.

quand, par les plus grandes précautions du monde, vous aurez paré tout cela, vous serez ébahi que vos juges auront été sollicités contre vous, ou par des gens dévots, ou par des femmes qu'ils aimeront. Eh! Monsieur, si vous le pouvez, sauvez-vous de cet enfer-là. C'est être damné dès ce monde que d'avoir à plaider; et la seule pensée d'un procès serait capable de me faire fuir jusqu'aux Indes.

ARGANTE

À combien est-ce qu'il fait monter le mulet?

SCAPIN

Monsieur, pour le mulet, pour son cheval, et celui de son homme, pour le harnois et les pistolets, et pour payer quelque petite chose qu'il doit à son hôtesse, il demande en tout deux cents pistoles.

ARGANTE

Deux cents pistoles?

SCAPIN

Oui.

ARGANTE, *se promenant en colère le long du théâtre*

Allons, allons, nous plaiderons.

SCAPIN

Faites réflexion…

ARGANTE

Je plaiderai.

SCAPIN

Ne vous allez point jeter…

ARGANTE

Je veux plaider.

SCAPIN

Mais, pour plaider, il vous faudra de l'argent :
il vous en faudra pour l'exploit[1] ; il vous en
faudra pour le contrôle ; il vous en faudra pour

---

1. Le déroulement chronologique du procès est suivi de façon très compétente par Scapin qui a dû être à quelque moment clerc de procureur. — *Exploit* d'assignation pour introduire l'instance. — *Contrôle* : enregistrement de l'exploit. « Le contrôle des exploits empêche bien des antidates, des friponneries de sergents » (Furetière). — Par la *procuration*, Argante donnerait pouvoir à un procureur de le représenter. — « *Présentation* : le droit du procureur qui offre d'occuper en une cause » (Furetière). — *Conseils, productions et journées* sont aussi des rémunérations du procureur (l'avoué). — Après l'avoué, les avocats : *consultations, plaidoiries*. Puis vient le temps où Argante aura à rétribuer greffiers et juges. Le sac contenant la procédure a été déposé entre les mains du greffier garde-sacs. Lorsque l'instruction est finie, il doit être repris par la partie d'où droit *pour retirer le sac*, et pour avoir des doubles, les *grosses*, du dossier. Les substituts présentent leurs *conclusions* qui donnent droit à *épices*. *Enregistrement* par le greffier. Paiement de la *façon d'appointe-*

la procuration, pour la présentation, conseils, productions, et journées du procureur; il vous en faudra pour les consultations et plaidoiries des avocats, pour le droit de retirer le sac, et pour les grosses d'écritures; il vous en faudra pour le rapport des substituts; pour les épices de conclusion; pour l'enregistrement du greffier, façon d'appointement, sentences et arrêts, contrôles, signatures, et expéditions de leurs clercs[1], sans parler de tous les présents qu'il vous faudra faire. Donnez cet argent-là à cet homme-ci, vous voilà hors d'affaire.

ARGANTE

Comment, deux cents pistoles ?

---

ment. « La façon d'un décret, d'un arrêt, d'une sentence, le salaire du greffier qui les a dressés ou mis en peau, sans y comprendre la signature » (Furetière). L'*appointement* est une manière de mise au point qui précise la qualité des parties, l'objet du litige, les conclusions des demandes. Sur *sentences* et *arrêts*, voir n. 3, p. 92. Le jugement est rendu. Intervient alors la série des paiements pour obtenir la connaissance du jugement.

1. *L'Ordonnance civile touchant la réformation de la justice* (1667) avait été précédée de tout un travail en commissions. Les procès-verbaux observent « qu'il pouvait y avoir des procureurs gens de bien, mais qu'universellement [dans leur ensemble] ils étaient la cause de tous les désordres de la Justice [...] Les clercs rapporteurs [...] causent les plus grands dérèglements de la justice; ils exigent des parties de plus grands droits que ceux qui appartiennent à leurs maîtres » [les procureurs].

SCAPIN

Oui : vous y gagnerez. J'ai fait un petit calcul en moi-même de tous les frais de la justice ; et j'ai trouvé qu'en donnant deux cents pistoles à votre homme, vous en aurez de reste pour le moins cent cinquante, sans compter les soins, les pas, et les chagrins que vous épargnerez. Quand il n'y aurait à essuyer que les sottises que disent devant tout le monde de méchants plaisants d'avocats, j'aimerais mieux donner trois cents pistoles que de plaider.

ARGANTE

Je me moque de cela, et je défie les avocats de rien dire de moi.

SCAPIN

Vous ferez ce qu'il vous plaira ; mais si j'étais que de vous[1], je fuirais les procès.

ARGANTE

Je ne donnerai point deux cents pistoles.

SCAPIN

Voici l'homme dont il s'agit.

---

1. Si j'étais à votre place.

SCÈNE VI

SILVESTRE, ARGANTE, SCAPIN

SILVESTRE

Scapin, fais-moi connaître un peu cet Argante, qui est père d'Octave.

SCAPIN

Pourquoi, Monsieur ?

SILVESTRE

Je viens d'apprendre qu'il veut me mettre en procès, et faire rompre par justice le mariage de ma sœur.

SCAPIN

Je ne sais pas s'il a cette pensée ; mais il ne veut point consentir aux deux cents pistoles que vous voulez, et il dit que c'est trop.

SILVESTRE

Par la mort ! par la tête ! par le ventre ! si je le trouve, je le veux échiner, dussé-je être roué tout vif.

Argante, pour n'être point vu, se tient, en tremblant, couvert de Scapin.

SCAPIN

Monsieur, ce père d'Octave a du cœur, et peut-être ne vous craindra-t-il point.

SILVESTRE

Lui ? lui ? Par la[1] sang ! par la tête ! s'il était là, je lui donnerais tout à l'heure de l'épée dans le ventre. Qui est cet homme-là ?

SCAPIN

Ce n'est pas lui, Monsieur, ce n'est pas lui[2].

SILVESTRE

N'est-ce point quelqu'un de ses amis ?

SCAPIN

Non, Monsieur, au contraire, c'est son ennemi capital.

SILVESTRE

Son ennemi capital ?

---

1. Livet, *Lexique de Molière* (1895), explique ce féminin au premier abord étonnant. Le juron : «Par la mort de Dieu» devient *par la morbleu*, sur quoi est fabriqué *palsambleu* ou *par le sang bleu* abrégé en *par la sang*.
2. «Au théâtre on fait dire tout de suite après à Argante : "Non, monsieur, ce n'est pas moi"» (note d'Auger, 1824).

SCAPIN

Oui.

SILVESTRE

Ah, parbleu ! j'en suis ravi. Vous êtes ennemi, Monsieur, de ce faquin d'Argante, eh ?

SCAPIN

Oui, oui, je vous en réponds.

SILVESTRE, *lui prend rudement la main*

Touchez là, touchez. Je vous donne ma parole, et vous jure sur mon honneur, par l'épée que je porte, par tous les serments que je saurais faire, qu'avant la fin du jour je vous déferai de ce maraud fieffé, de ce faquin d'Argante. Reposez-vous sur moi.

SCAPIN

Monsieur, les violences en ce pays-ci ne sont guère souffertes.

SILVESTRE

Je me moque de tout, et je n'ai rien à perdre.

SCAPIN

Il se tiendra sur ses gardes assurément ; et il a des parents, des amis, et des domestiques, dont il se fera un secours contre votre ressentiment.

SILVESTRE

C'est ce que je demande, morbleu! c'est ce que je demande. *(Il met l'épée à la main et pousse de tous les côtés, comme s'il y avait plusieurs personnes devant lui.)* Ah, tête! ah, ventre! Que ne le trouvé-je à cette heure avec tout son secours! Que ne paraît-il à mes yeux au milieu de trente personnes! Que ne les vois-je fondre sur moi les armes à la main! Comment, marauds, vous avez la hardiesse de vous attaquer à moi? Allons, morbleu! tue, point de quartier. Donnons. Ferme. Poussons. Bon pied, bon œil. Ah! coquins, ah! canaille, vous en voulez par là; je vous en ferai tâter votre soûl. Soutenez, marauds, soutenez. Allons. À cette botte. À cette autre. À celle-ci. À celle-là. Comment, vous reculez? Pied ferme, morbleu! pied ferme.

SCAPIN

Eh, eh, eh! Monsieur, nous n'en sommes pas.

SILVESTRE

Voilà qui vous apprendra à vous oser jouer de moi.

SCAPIN

Hé bien, vous voyez combien de personnes tuées pour deux cents pistoles. Oh sus ! je vous souhaite une bonne fortune[1].

ARGANTE, *tout tremblant*

Scapin.

SCAPIN

Plaît-il ?

ARGANTE

Je me résous à donner les deux cents pistoles.

SCAPIN

J'en suis ravi, pour l'amour de vous.

ARGANTE

Allons le trouver, je les ai sur moi.

SCAPIN

Vous n'avez qu'à me les donner. Il ne faut pas pour votre honneur que vous paraissiez là, après avoir passé ici pour autre que ce que vous êtes ; et de plus, je craindrais qu'en vous

---

1. Bien du bonheur.

faisant connaître il n'allât s'aviser de vous demander davantage.

ARGANTE

Oui ; mais j'aurais été bien aise de voir comme je donne mon argent.

SCAPIN

Est-ce que vous vous défiez de moi ?

ARGANTE

Non pas ; mais...

SCAPIN

Parbleu, Monsieur, je suis un fourbe, ou je suis honnête homme : c'est l'un des deux. Est-ce que je voudrais vous tromper, et que dans tout ceci j'ai d'autre intérêt que le vôtre, et celui de mon maître, à qui vous voulez vous allier ? Si je vous suis suspect, je ne me mêle plus de rien, et vous n'avez qu'à chercher, dès cette heure, qui accommodera vos affaires[1].

ARGANTE

Tiens donc.

---

1. Les deux mots *accommoder* et *affaires* sont du vocabulaire du duel tout autant que de celui des affaires, ils ont aux oreilles d'Argante une sonorité inquiétante, propre à faire réfléchir.

SCAPIN

Non, Monsieur, ne me confiez point votre argent. Je serai bien aise que vous vous serviez de quelque autre.

ARGANTE

Mon Dieu! tiens.

SCAPIN

Non, vous dis-je, ne vous fiez point à moi. Que sait-on si je ne veux point vous attraper votre argent?

ARGANTE

Tiens, te dis-je, ne me fais point contester davantage. Mais songe à bien prendre tes sûretés[1] avec lui.

SCAPIN

Laissez-moi faire, il n'a pas affaire à un sot.

ARGANTE

Je vais t'attendre chez moi.

SCAPIN

Je ne manquerai pas d'y aller. Et un. Je n'ai qu'à chercher l'autre. Ah! ma foi! le voici. Il

1. *Sûretés*: précautions.

semble que le Ciel, l'un après l'autre, les amène dans mes filets.

SCÈNE VII

GÉRONTE, SCAPIN

SCAPIN

Ô Ciel ! ô disgrâce imprévue ! ô misérable père ! Pauvre Géronte, que feras-tu ?

GÉRONTE

Que dit-il là de moi, avec ce visage affligé ?

SCAPIN

N'y a-t-il personne qui puisse me dire où est le seigneur Géronte ?

GÉRONTE

Qu'y a-t-il, Scapin ?

SCAPIN

Où pourrai-je le rencontrer, pour lui dire cette infortune ?

GÉRONTE

Qu'est-ce que c'est donc ?

SCAPIN

En vain je cours de tous côtés pour le pouvoir trouver.

GÉRONTE

Me voici.

SCAPIN

Il faut qu'il soit caché en quelque endroit qu'on ne puisse point deviner.

GÉRONTE

Holà ! es-tu aveugle, que tu ne me vois pas ?

SCAPIN

Ah ! Monsieur, il n'y a pas moyen de vous rencontrer[1].

GÉRONTE

Il y a une heure que je suis devant toi. Qu'est-ce que c'est donc qu'il y a ?

SCAPIN

Monsieur...

---

1. *L'Amour médecin* (acte I, sc. VI) et *Monsieur de Pourceaugnac* (acte III, sc. VI) utilisaient déjà ce jeu.

GÉRONTE

Quoi ?

SCAPIN

Monsieur, votre fils…

GÉRONTE

Hé bien ! mon fils…

SCAPIN

Est tombé dans une disgrâce la plus étrange du monde[1].

GÉRONTE

Et quelle ?

SCAPIN

Je l'ai trouvé tantôt tout triste, de je ne sais quoi que vous lui avez dit, où vous m'avez

---

1. Dans *Il Capitano* de Flaminio Scala (1611), on fait croire à Pantalon que son fils a été pris par des bandits qui demandent cent écus de rançon. Il est bien possible que Molière ait connu ce canevas de la *commedia dell'arte*. Mais, à côté de cette source possible, une source certaine : dans *Le Pédant joué* de Cyrano de Bergerac (1654), le valet du jeune homme vient apprendre au pédant Granger que son fils a été enlevé par les Turcs tandis qu'il traversait la Seine pour aller de la porte de Nesle au quai de l'École (quai du Louvre). Et Granger s'écrie à quatre reprises : « Que diable allez faire aussi dans la galère d'un Turc ? » Et pour payer la rançon : « Va prendre dans mes armoires ce pourpoint découpé que quitta feu mon père l'année du grand hiver. »

mêlé assez mal à propos ; et, cherchant à divertir cette tristesse, nous nous sommes allés promener sur le port. Là, entre autres plusieurs choses, nous avons arrêté nos yeux sur une galère turque assez bien équipée. Un jeune Turc de bonne mine nous a invités d'y entrer, et nous a présenté la main. Nous y avons passé ; il nous a fait mille civilités, nous a donné la collation, où nous avons mangé des fruits les plus excellents qui se puissent voir, et bu du vin que nous avons trouvé le meilleur du monde.

GÉRONTE

Qu'y a-t-il de si affligeant à tout cela ?

SCAPIN

Attendez, Monsieur, nous y voici. Pendant que nous mangions, il a fait mettre la galère en mer, et, se voyant éloigné du port, il m'a fait mettre dans un esquif, et m'envoie vous dire que, si vous ne lui envoyez par moi tout à l'heure cinq cents écus, il va vous emmener votre fils en Alger.

GÉRONTE

Comment, diantre ! cinq cents écus ?

SCAPIN

Oui, Monsieur; et de plus, il ne m'a donné pour cela que deux heures.

GÉRONTE

Ah! le pendard de Turc, m'assassiner de la façon!

SCAPIN

C'est à vous, Monsieur, d'aviser promptement aux moyens de sauver des fers un fils que vous aimez avec tant de tendresse.

GÉRONTE

Que diable allait-il faire dans cette galère?

SCAPIN

Il ne songeait pas à ce qui est arrivé.

GÉRONTE

Va-t'en, Scapin, va-t'en vite dire à ce Turc que je vais envoyer la justice après lui.

SCAPIN

La justice en pleine mer! Vous moquez-vous des gens?

GÉRONTE

Que diable allait-il faire dans cette galère?

SCAPIN

Une méchante destinée conduit quelquefois les personnes.

GÉRONTE

Il faut, Scapin, il faut que tu fasses ici l'action d'un serviteur fidèle.

SCAPIN

Quoi, Monsieur?

GÉRONTE

Que tu ailles dire à ce Turc qu'il me renvoie mon fils, et que tu te mets à sa place jusqu'à ce que j'aie amassé la somme qu'il demande.

SCAPIN

Eh! Monsieur, songez-vous à ce que vous dites? et vous figurez-vous que ce Turc ait si peu de sens, que d'aller recevoir un misérable comme moi à la place de votre fils?

GÉRONTE

Que diable allait-il faire dans cette galère?

SCAPIN

Il ne devinait pas ce malheur. Songez, Monsieur, qu'il ne m'a donné que deux heures.

GÉRONTE

Tu dis qu'il demande...

SCAPIN

Cinq cents écus.

GÉRONTE

Cinq cents écus ! N'a-t-il point de conscience ?

SCAPIN

Vraiment oui, de la conscience à un Turc.

GÉRONTE

Sait-il bien ce que c'est que cinq cents écus ?

SCAPIN

Oui, Monsieur, il sait que c'est mille cinq cents livres.

GÉRONTE

Croit-il, le traître, que mille cinq cents livres se trouvent dans le pas d'un cheval [1] ?

---

1. Sans peine sur le grand chemin.

SCAPIN

Ce sont des gens qui n'entendent point de raison.

GÉRONTE

Mais que diable allait-il faire à cette galère ?

SCAPIN

Il est vrai ; mais quoi ? on ne prévoyait pas les choses. De grâce, Monsieur, dépêchez.

GÉRONTE

Tiens, voilà la clef de mon armoire.

SCAPIN

Bon.

GÉRONTE

Tu l'ouvriras.

SCAPIN

Fort bien.

GÉRONTE

Tu trouveras une grosse clef du côté gauche, qui est celle de mon grenier.

SCAPIN

Oui.

GÉRONTE

Tu iras prendre toutes les hardes qui sont dans cette grande manne[1], et tu les vendras aux fripiers, pour aller racheter mon fils.

SCAPIN, *en lui rendant la clef*

Eh ! Monsieur, rêvez-vous ? Je n'aurais pas cent francs de tout ce que vous dites ; et de plus, vous savez le peu de temps qu'on m'a donné.

GÉRONTE

Mais que diable allait-il faire à cette galère ?

SCAPIN

Oh ! que de paroles perdues ! Laissez là cette galère, et songez que le temps presse, et que vous courez risque de perdre votre fils. Hélas ! mon pauvre maître, peut-être que je ne te verrai de ma vie, et qu'à l'heure que je parle, on t'emmène esclave en Alger. Mais le Ciel me sera témoin que j'ai fait pour toi tout ce que j'ai pu ; et que si tu manques à être

---

1. *Manne* : grand panier d'osier, où sont rangés ici des vêtements usagés, des guenilles.

racheté, il n'en faut accuser que le peu d'amitié d'un père.

GÉRONTE

Attends, Scapin, je m'en vais querir cette somme.

SCAPIN

Dépêchez donc vite, Monsieur, je tremble que l'heure ne sonne.

GÉRONTE

N'est-ce pas quatre cents écus que tu dis ?

SCAPIN

Non : cinq cents écus.

GÉRONTE

Cinq cents écus ?

SCAPIN

Oui.

GÉRONTE

Que diable allait-il faire à cette galère ?

SCAPIN

Vous avez raison, mais hâtez-vous.

GÉRONTE

N'y avait-il point d'autre promenade ?

SCAPIN

Cela est vrai. Mais faites promptement.

GÉRONTE

Ah ! maudite galère !

SCAPIN

Cette galère lui tient au cœur.

GÉRONTE

Tiens, Scapin, je ne me souvenais pas que je viens justement de recevoir cette somme en or, et je ne croyais pas qu'elle dût m'être si tôt ravie. *(Il lui présente sa bourse, qu'il ne laisse pourtant pas aller ; et, dans ses transports, il fait aller son bras de côté et d'autre, et Scapin le sien pour avoir la bourse.)* Tiens. Va-t'en racheter mon fils.

SCAPIN

Oui, Monsieur.

GÉRONTE

Mais dis à ce Turc que c'est un scélérat.

SCAPIN

Oui.

GÉRONTE

Un infâme.

SCAPIN

Oui.

GÉRONTE

Un homme sans foi, un voleur.

SCAPIN

Laissez-moi faire.

GÉRONTE

Qu'il me tire cinq cents écus contre toute sorte de droit.

SCAPIN

Oui.

GÉRONTE

Que je ne les lui donne ni à la mort, ni à la vie.

SCAPIN

Fort bien.

GÉRONTE

Et que si jamais je l'attrape, je saurai me venger de lui.

SCAPIN

Oui.

GÉRONTE, *remet la bourse dans sa poche, et s'en va*

Va, va vite requérir mon fils.

SCAPIN, *allant après lui*

Holà! Monsieur.

GÉRONTE

Quoi?

SCAPIN

Où est donc cet argent?

GÉRONTE

Ne te l'ai-je pas donné?

SCAPIN

Non vraiment, vous l'avez remis dans votre poche.

GÉRONTE

Ah! c'est la douleur qui me trouble l'esprit.

SCAPIN

Je le vois bien.

GÉRONTE

Que diable allait-il faire dans cette galère ? Ah ! maudite galère ! traître de Turc à tous les diables !

SCAPIN

Il ne peut digérer les cinq cents écus que je lui arrache ; mais il n'est pas quitte envers moi, et je veux qu'il me paye en une autre monnaie l'imposture qu'il m'a faite auprès de son fils.

SCÈNE VIII

OCTAVE, LÉANDRE, SCAPIN

OCTAVE

Hé bien ! Scapin, as-tu réussi pour moi dans ton entreprise ?

LÉANDRE

As-tu fait quelque chose pour tirer mon amour de la peine où il est ?

SCAPIN

Voilà deux cents pistoles que j'ai tirées de votre père.

OCTAVE

Ah! que tu me donnes de joie!

SCAPIN

Pour vous, je n'ai pu faire rien.

LÉANDRE *veut s'en aller*

5   Il faut donc que j'aille mourir; et je n'ai que faire de vivre si Zerbinette m'est ôtée.

SCAPIN

Holà, holà! tout doucement. Comme diantre vous allez vite!

LÉANDRE *se retourne*

Que veux-tu que je devienne?

SCAPIN

10   Allez, j'ai votre affaire ici.

LÉANDRE *revient*

Ah! tu me redonnes la vie.

SCAPIN

Mais à condition que vous me permettrez à moi une petite vengeance contre votre père, pour le tour qu'il m'a fait.

LÉANDRE

Tout ce que tu voudras.

SCAPIN

Vous me le promettez devant témoin.

LÉANDRE

Oui.

SCAPIN

Tenez, voilà cinq cents écus.

LÉANDRE

Allons-en promptement acheter celle que j'adore.

ACTE III

SCÈNE PREMIÈRE

ZERBINETTE, HYACINTE, SCAPIN,
SILVESTRE

SILVESTRE

Oui, vos amants ont arrêté entre eux que vous fussiez ensemble ; et nous nous acquittons de l'ordre qu'ils nous ont donné.

HYACINTE

Un tel ordre n'a rien qui ne me soit fort agréable. Je reçois avec joie une compagnie de la sorte ; et il ne tiendra pas à moi que l'amitié qui est entre les personnes que nous aimons ne se répande entre nous deux.

ZERBINETTE

J'accepte la proposition, et ne suis point personne à reculer, lorsqu'on m'attaque d'amitié[1].

SCAPIN

Et lorsque c'est d'amour qu'on vous attaque ?

ZERBINETTE

Pour l'amour, c'est une autre chose ; on y court un peu plus de risque, et je n'y suis pas si hardie.

SCAPIN

Vous l'êtes, que je crois, contre mon maître maintenant ; et ce qu'il vient de faire pour vous doit vous donner du cœur pour répondre comme il faut à sa passion.

ZERBINETTE

Je ne m'y fie encore que de la bonne sorte ; et ce n'est pas assez pour m'assurer entièrement que[2] ce qu'il vient de faire. J'ai l'humeur enjouée, et sans cesse je ris ; mais tout en riant, je suis sérieuse sur de certains chapitres ;

---

1. *Attaquer d'amitié* : proposer de faire amitié. L'expression est comparable à celle-ci : « On dit à table "Je vous attaque" pour dire "Je vous porte une santé" » (Furetière).
2. *Que* : de.

et ton maître s'abusera, s'il croit qu'il lui suffise de m'avoir achetée pour me voir toute à lui. Il doit lui en coûter autre chose que de l'argent ; et pour répondre à son amour de la manière qu'il souhaite, il me faut un don de sa foi qui soit assaisonné de certaines cérémonies qu'on trouve nécessaires[1].

SCAPIN

C'est là aussi comme il l'entend. Il ne prétend à vous qu'en tout bien et en tout honneur ; et je n'aurais pas été homme à me mêler de cette affaire, s'il avait une autre pensée.

ZERBINETTE

C'est ce que je veux croire, puisque vous me le dites ; mais, du côté du père, j'y prévois des empêchements.

SCAPIN

Nous trouverons moyen d'accommoder les choses.

HYACINTE

La ressemblance de nos destins doit contribuer encore à faire naître notre amitié ; et nous nous voyons toutes deux dans les mêmes

---

1. La périphrase désigne le mariage.

alarmes, toutes deux exposées à la même infortune.

ZERBINETTE

Vous avez cet avantage, au moins, que vous savez de qui vous êtes née ; et que l'appui de vos parents, que vous pouvez faire connaître, est capable d'ajuster tout, peut assurer votre bonheur, et faire donner un consentement au mariage qu'on trouve fait. Mais pour moi, je ne rencontre aucun secours dans ce que je puis être, et l'on me voit dans un état qui n'adoucira pas les volontés d'un père qui ne regarde que le bien.

HYACINTE

Mais aussi avez-vous cet avantage, que l'on ne tente point par un autre parti celui que vous aimez.

ZERBINETTE

Le changement du cœur d'un amant n'est pas ce qu'on peut le plus craindre. On se peut naturellement croire assez de mérite pour garder sa conquête ; et ce que je vois de plus redoutable dans ces sortes d'affaires, c'est la puissance paternelle, auprès de qui tout le mérite ne sert de rien.

HYACINTE

Hélas ! pourquoi faut-il que de justes inclinations se trouvent traversées[1] ? La douce chose que d'aimer, lorsque l'on ne voit point d'obstacle à ces aimables chaînes dont deux cœurs se lient ensemble !

SCAPIN

Vous vous moquez : la tranquillité en amour est un calme désagréable ; un bonheur tout uni nous devient ennuyeux ; il faut du haut et du bas dans la vie ; et les difficultés qui se mêlent aux choses réveillent les ardeurs, augmentent les plaisirs.

ZERBINETTE

Mon Dieu, Scapin, fais-nous un peu ce récit, qu'on m'a dit qui est si plaisant, du stratagème dont tu t'es avisé pour tirer de l'argent de ton vieillard avare. Tu sais qu'on ne perd point sa peine lorsqu'on me fait un conte, et que je le paye assez bien par la joie qu'on m'y voit prendre.

---

1. *Traverser* : contrarier, gêner.

SCAPIN

Voilà Silvestre qui s'en acquittera aussi bien que moi. J'ai dans la tête certaine petite vengeance, dont je vais goûter le plaisir.

SILVESTRE

Pourquoi, de gaieté de cœur, veux-tu chercher à t'attirer de méchantes affaires ?

SCAPIN

Je me plais à tenter des entreprises hasardeuses.

SILVESTRE

Je te l'ai déjà dit, tu quitterais le dessein que tu as, si tu m'en voulais croire.

SCAPIN

Oui, mais c'est moi que j'en croirai.

SILVESTRE

À quoi diable te vas-tu amuser ?

SCAPIN

De quoi diable te mets-tu en peine ?

SILVESTRE

C'est que je vois que, sans nécessité, tu vas courir risque de t'attirer une venue[1] de coups de bâton.

SCAPIN

Hé bien! c'est aux dépens de mon dos, et non pas du tien.

SILVESTRE

Il est vrai que tu es maître de tes épaules, et tu en disposeras comme il te plaira.

SCAPIN

Ces sortes de périls ne m'ont jamais arrêté, et je hais ces cœurs pusillanimes[2] qui, pour trop prévoir les suites des choses, n'osent rien entreprendre.

ZERBINETTE

Nous aurons besoin de tes soins.

SCAPIN

Allez: je vous irai bientôt rejoindre. Il ne sera pas dit qu'impunément on m'ait mis en

---

1. Une *venue* : une poussée, une récolte.
2. *Pusillanime* : qui manque d'audace, craintif, timoré.

état de me trahir moi-même, et de découvrir des secrets qu'il était bon qu'on ne sût pas.

SCÈNE II

GÉRONTE, SCAPIN

GÉRONTE

Hé bien, Scapin, comment va l'affaire de mon fils?

SCAPIN

Votre fils, Monsieur, est en lieu de sûreté; mais vous courez maintenant, vous, le péril le plus grand du monde, et je voudrais pour beaucoup que vous fussiez dans votre logis.

GÉRONTE

Comment donc?

SCAPIN

À l'heure que je parle, on vous cherche de toutes parts pour vous tuer.

GÉRONTE

Moi?

SCAPIN

Oui.

GÉRONTE

Et qui ?

SCAPIN

Le frère de cette personne qu'Octave a épousée. Il croit que le dessein que vous avez de mettre votre fille à la place que tient sa sœur est ce qui pousse le plus fort à faire rompre leur mariage ; et, dans cette pensée, il a résolu hautement de décharger son désespoir sur vous et vous ôter la vie pour venger son honneur. Tous ses amis, gens d'épée comme lui, vous cherchent de tous les côtés et demandent de vos nouvelles. J'ai vu même deçà et delà des soldats de sa compagnie qui interrogent ceux qu'ils trouvent, et occupent par pelotons toutes les avenues de votre maison. De sorte que vous ne sauriez aller chez vous, vous ne sauriez faire un pas ni à droit[1], ni à gauche, que vous ne tombiez dans leurs mains.

GÉRONTE

Que ferai-je, mon pauvre Scapin ?

---

1. À droite.

SCAPIN

Je ne sais pas, Monsieur, et voici une étrange affaire. Je tremble pour vous depuis les pieds jusqu'à la tête, et... Attendez. *(Il se retourne, et fait semblant d'aller voir au bout du théâtre s'il n'y a personne.)*

GÉRONTE, *en tremblant*

Eh ?

SCAPIN, *en revenant*

Non, non, non, ce n'est rien.

GÉRONTE

Ne saurais-tu trouver quelque moyen pour me tirer de peine ?

SCAPIN

J'en imagine bien un ; mais je courrais risque, moi, de me faire assommer.

GÉRONTE

Eh ! Scapin, montre-toi serviteur zélé : ne m'abandonne pas, je te prie.

SCAPIN

Je le veux bien. J'ai une tendresse pour vous qui ne saurait souffrir que je vous laisse sans secours.

GÉRONTE

Tu en seras récompensé, je t'assure ; et je te promets cet habit-ci, quand je l'aurai un peu usé.

SCAPIN

Attendez. Voici une affaire que je me suis trouvée fort à propos pour vous sauver. Il faut que vous vous mettiez dans ce sac[1] et que...

GÉRONTE, *croyant voir quelqu'un*

Ah !

SCAPIN

Non, non, non, non, ce n'est personne. Il faut, dis-je, que vous vous mettiez là-dedans, et que vous gardiez de remuer en aucune façon. Je vous chargerai sur mon dos, comme un paquet de quelque chose, et je vous porterai ainsi au travers de vos ennemis, jusque dans votre maison, où quand nous serons une fois,

---

1. Sur ce *sac*, on a beaucoup discuté, à l'occasion de deux vers fameux de Boileau rappelés dans la préface. Les gravures anciennes donnent à Scapin comme attribut un immense manteau sur l'épaule, pendant devant et derrière (comme le montre le dessinateur Jacques Callot). Molière-Scapin apparaît ainsi accoutré ; on croit qu'il a un manteau ; il le déploie : c'est un sac dans lequel il fait entrer Géronte ; mais il était bien, avant d'y mettre Géronte, drapé, « enveloppé » lui-même dans le manteau-sac.

nous pourrons nous barricader, et envoyer quérir main-forte[1] contre la violence.

GÉRONTE

L'invention est bonne.

SCAPIN

La meilleure du monde. Vous allez voir. *(À part.)* Tu me paieras l'imposture.

GÉRONTE

Eh ?

SCAPIN

Je dis que vos ennemis seront bien attrapés. Mettez-vous bien jusqu'au fond, et surtout prenez garde de ne vous point montrer, et de ne branler[2] pas, quelque chose qui puisse arriver.

GÉRONTE

Laisse-moi faire. Je saurai me tenir.

SCAPIN

Cachez-vous : voici un spadassin[3] qui vous cherche. *(En contrefaisant sa voix.)* « Quoi ? jé

---

1. *Quérir main-forte* : aller chercher un renfort de gens armés. (On dit encore aujourd'hui *prêter main-forte*, donner assistance pour exécuter quelque chose de difficile.)
2. *Branler* : bouger, remuer.
3. *Spadassin* : homme d'épée et, par extension, tueur à gages.

n'aurai pas l'abantage dé tuer cé Geronte, et quelqu'un par charité né m'enseignera pas où il est[1]?» *(À Géronte de sa voix ordinaire.)* Ne branlez pas. *(Reprenant son ton contrefait.)* «Cadédis[2], jé lé trouberai, sé cachât-il au centre dé la terre.» *(À Géronte avec son ton naturel.)* Ne vous montrez pas. *(Tout le langage gascon est supposé de celui qu'il contrefait, et le reste de lui.)* «Oh, l'homme au sac!» Monsieur. «Jé té vaille un louis, et m'enseigne où put être Géronte.» Vous cherchez le seigneur Géronte? «Oui, mordi! jé lé cherche.» Et pour quelle affaire, Monsieur? «Pour quelle affaire?» Oui. «Jé beux, cadédis, lé faire mourir sous les coups de vaton.» Oh! Monsieur, les coups de bâton ne se donnent point à des gens comme lui, et ce n'est pas un homme à être traité de la sorte. «Qui, cé fat dé Geronte, cé maraut, cé velître[3]?» Le seigneur Géronte, Monsieur, n'est ni fat, ni maraud, ni belître, et vous devriez, s'il vous plaît, parler d'autre façon. «Comment, tu mé traites, à moi, avec cette hautur?» Je défends, comme je dois, un homme d'honneur qu'on offense. «Est-ce que

---

1. Ce spadassin parle le gascon de comédie (voir *Monsieur de Pourceaugnac*) dont l'élément essentiel est la substitution du *b* au *v*.
2. Tête de Dieu.
3. «*Belître*: gros gueux qui mendie par fainéantise et qui pourrait bien gagner sa vie» (Furetière).

tu es des amis dé cé Geronte ? » Oui, Monsieur, j'en suis. « Ah ! cadédis, tu es de ses amis, à la vonne hure. » *(Il donne plusieurs coups de bâton sur le sac.)* « Tiens. Boilà cé que jé té vaille pour lui. » Ah, ah, ah ! ah, Monsieur ! Ah, ah, Monsieur ! tout beau. Ah, doucement, ah, ah, ah ! « Va, porte-lui cela de ma part. Adiusias¹. » Ah ! diable soit le Gascon. Ah ! *(En se plaignant et remuant le dos, comme s'il avait reçu les coups de bâton.)*

GÉRONTE, *mettant la tête hors du sac*

Ah ! Scapin, je n'en puis plus !

SCAPIN

Ah ! Monsieur, je suis tout moulu, et les épaules me font un mal épouvantable.

GÉRONTE

Comment ? c'est sur les miennes qu'il a frappé.

SCAPIN

Nenni, Monsieur, c'était sur mon dos qu'il frappait.

---

1. *Adieu*, en gascon.

134 *Les Fourberies de Scapin*

GÉRONTE

Que veux-tu dire ? J'ai bien senti les coups, et les sens bien encore.

SCAPIN

Non, vous dis-je, ce n'est que le bout du bâton qui a été jusque sur vos épaules.

GÉRONTE

Tu devais donc te retirer un peu plus loin, pour m'épargner...

SCAPIN *lui remet la tête dans le sac*

Prenez garde. En voici un autre qui a la mine d'un étranger[1]. *(Cet endroit est de même celui du Gascon, pour le changement de langage, et le jeu de théâtre.)* « Parti ! moi courir comme une Basque[2], et moi ne pouvre point troufair de tout le jour sti tiable de Gironte ? » Cachez-vous bien. « Dites-moi un peu fous, Monsir l'homme, s'il ve plaist, fous savoir point où l'est sti Gironte que moi cherchair ? » Non, Monsieur, je ne sais point où est Géronte. « Dites-moi-le vous frenchemente, moi li fou-

---

1. Le français à la suisse après le français à la gasconne (voir *Monsieur de Pourceaugnac*).
2. « On dit proverbialement *courir comme un Basque*, pour dire marcher vite et longtemps parce que ceux de Biscaye sont en réputation pour cela » (Furetière).

loir pas grande chose à lui. L'est seulemente pour li donnair un petite régale¹ sur le dos d'un douzaine de coups de bastonne, et de trois ou quatre petites coups d'épée au trafers de son poitrine. » Je vous assure, Monsieur, que je ne sais pas où il est. « Il me semble que j'y foi remuair quelque chose dans sti sac. » Pardonnez-moi, Monsieur. « Li est assurémente quelque histoire là-tetans. » Point du tout, Monsieur. « Moi l'avoir enfie de tonner ain coup d'épée dans ste sac. » Ah! Monsieur, gardez-vous-en bien. « Montre-le-moi un peu fous ce que c'estre là. » Tout beau, Monsieur. « Quement? tout beau? » Vous n'avez que faire de vouloir voir ce que je porte. « Et moi, je le fouloir foir, moi. » Vous ne le verrez point. « Ahi que de badinemente! » Ce sont hardes qui m'appartiennent. « Montre-moi fous, te dis-je. » Je n'en ferai rien. « Toi ne faire rien? » Non. « Moi pailler de ste bastonne dessus les épaules de toi. » Je me moque de cela. « Ah! toi faire le trole. » Ahi, ahi, ahi; ah, Monsieur, ah, ah, ah, ah. « Jusqu'au refoir: l'estre là un petit leçon pour li apprendre à toi à parlair insolentemente! » Ah! peste soit du baragouineux²! Ah!

---

1. L'orthographe de ce mot était *régal* ou *régale*, la deuxième étant alors considérée comme la meilleure.
2. Le suffixe *-eux* ou *-eur* était indifféremment utilisé à l'époque.

GÉRONTE, *sortant sa tête du sac*

Ah ! je suis roué !

SCAPIN

Ah ! je suis mort !

GÉRONTE

Pourquoi diantre faut-il qu'ils frappent sur mon dos ?

SCAPIN, *lui remettant sa tête dans le sac*

Prenez garde, voici une demi-douzaine de soldats tout ensemble. *(Il contrefait plusieurs personnes ensemble.)* « Allons, tâchons à trouver ce Géronte, cherchons partout. N'épargnons point nos pas. Courons toute la ville. N'oublions aucun lieu. Visitons tout. Furetons de tous les côtés. Par où irons-nous ? Tournons par-là. Non, par ici. À gauche. À droit. Nenni. Si fait. » Cachez-vous bien. « Ah ! camarades, voici son valet. Allons, coquin, il faut que tu nous enseignes où est ton maître. » Eh ! Messieurs, ne me maltraitez point. « Allons, dis-nous où il est. Parle. Hâte-toi. Expédions. Dépêche vite. Tôt. » Eh ! Messieurs, doucement. *(Géronte met doucement la tête hors du sac et aperçoit la fourberie de Scapin.)* « Si tu ne nous fais trouver ton maître tout à l'heure, nous allons faire pleuvoir sur toi une ondée de coups de bâton.» J'aime mieux souffrir toute chose que de vous découvrir mon maître. «Nous allons t'assommer.» Faites tout ce qu'il vous plaira. «Tu as envie d'être battu.» Je ne trahirai point mon maître. «Ah! tu en veux tâter? Voilà...» Oh!

> *Comme il est prêt de frapper, Géronte sort du sac, et Scapin s'enfuit.*

GÉRONTE

Ah, infâme! ah, traître! ah, scélérat! C'est ainsi que tu m'assassines.

SCÈNE III

ZERBINETTE, GÉRONTE

ZERBINETTE

Ah, ah[1], je veux prendre un peu l'air.

---

1. Dans *Le Pédant joué* (acte III, sc. II) de Cyrano de Bergerac, Génevote conte de même à Granger le tour dont celui-ci a été victime. Mais Génevote connaît Granger pour ce qu'il est : elle prend plaisir à lui jeter à la figure sans en avoir l'air ses cruelles vérités.

GÉRONTE

Tu me le paieras, je te jure.

ZERBINETTE

Ah! ah, ah, ah, la plaisante histoire! et la bonne dupe que ce vieillard!

GÉRONTE

Il n'y a rien de plaisant à cela; et vous n'avez que faire d'en rire.

ZERBINETTE

Quoi? Que voulez-vous dire, Monsieur?

GÉRONTE

Je veux dire que vous ne devez pas vous moquer de moi.

ZERBINETTE

De vous?

GÉRONTE

Oui.

ZERBINETTE

Comment? qui songe à se moquer de vous?

GÉRONTE
Pourquoi venez-vous ici me rire au nez ?

ZERBINETTE
Cela ne vous regarde point, et je ris toute seule d'un conte qu'on vient de me faire, le plus plaisant qu'on puisse entendre. Je ne sais pas si c'est parce que je suis intéressée dans la chose ; mais je n'ai jamais trouvé rien de si drôle qu'un tour qui vient d'être joué par un fils à son père, pour en attraper de l'argent.

GÉRONTE
Par un fils à son père, pour en attraper de l'argent ?

ZERBINETTE
Oui. Pour peu que vous me pressiez, vous me trouverez assez disposée à vous dire l'affaire, et j'ai une démangeaison naturelle à faire part des contes que je sais.

GÉRONTE
Je vous prie de me dire cette histoire.

ZERBINETTE
Je le veux bien. Je ne risquerai pas grand-chose à vous la dire, et c'est une aventure qui

n'est pas pour être longtemps secrète. La destinée a voulu que je me trouvasse parmi une bande de ces personnes qu'on appelle Égyptiens, et qui, rôdant de province en province, se mêlent de dire la bonne fortune, et quelquefois de beaucoup d'autres choses. En arrivant dans cette ville, un jeune homme me vit, et conçut pour moi de l'amour. Dès ce moment, il s'attache à mes pas, et le voilà d'abord comme tous les jeunes gens, qui croient qu'il n'y a qu'à parler, et qu'au moindre mot qu'ils nous disent, leurs affaires sont faites ; mais il trouva une fierté qui lui fit un peu corriger ses premières pensées. Il fit connaître sa passion aux gens qui me tenaient, et il les trouva disposés à me laisser à lui moyennant quelque somme. Mais le mal de l'affaire était que mon amant se trouvait dans l'état où l'on voit très souvent la plupart des fils de famille, c'est-à-dire qu'il était un peu dénué d'argent ; et il a un père qui, quoique riche, est un avaricieux fieffé, le plus vilain[1] homme du monde. Attendez. Ne me saurais-je souvenir de son nom ? Haye ! Aidez-moi un peu. Ne pouvez-vous me nommer quelqu'un de cette ville qui soit connu pour être avare au dernier point ?

---

1. « Un *vilain* c'est un homme avare » (Furetière).

GÉRONTE

Non.

ZERBINETTE

Il y a à son nom du ron... ronte. Or... Oronte. Non. Gé... Géronte; oui, Géronte, justement; voilà mon vilain, je l'ai trouvé, c'est ce ladre-là que je dis. Pour venir à notre conte, nos gens ont voulu aujourd'hui partir de cette ville; et mon amant m'allait perdre faute d'argent, si, pour en tirer de son père, il n'avait trouvé du secours dans l'industrie d'un serviteur qu'il a. Pour le nom du serviteur, je le sais à merveille : il s'appelle Scapin; c'est un homme incomparable, et il mérite toutes les louanges qu'on peut donner.

GÉRONTE

Ah! coquin que tu es!

ZERBINETTE

Voici le stratagème dont il s'est servi pour attraper sa dupe. Ah, ah, ah, ah. Je ne saurais m'en souvenir, que je ne rie de tout mon cœur. Ah, ah, ah. Il est allé trouver ce chien d'avare, ah, ah, ah; et lui a dit qu'en se promenant sur le port avec son fils, hi, hi, ils avaient vu une galère turque où on les avait invités d'entrer;

qu'un jeune Turc leur y avait donné la collation, ah; que, tandis qu'ils mangeaient, on avait mis la galère en mer; et que le Turc l'avait renvoyé, lui seul, à terre dans un esquif, avec ordre de dire au père de son maître qu'il emmenait son fils en Alger, s'il ne lui envoyait tout à l'heure cinq cents écus. Ah, ah, ah. Voilà mon ladre, mon vilain dans de furieuses angoisses et la tendresse qu'il a pour son fils fait un combat étrange avec son avarice. Cinq cents écus qu'on lui demande sont justement cinq cents coups de poignard qu'on lui donne. Ah, ah, ah. Il ne peut se résoudre à tirer cette somme de ses entrailles; et la peine qu'il souffre lui fait trouver cent moyens ridicules pour ravoir son fils. Ah, ah, ah. Il veut envoyer la justice en mer après la galère du Turc. Ah, ah, ah. Il sollicite son valet de s'aller offrir à tenir la place de son fils, jusqu'à ce qu'il ait amassé l'argent qu'il n'a pas envie de donner. Ah, ah, ah. Il abandonne, pour faire les cinq cents écus, quatre ou cinq vieux habits qui n'en valent pas trente. Ah, ah, ah. Le valet lui fait comprendre, à tous coups, l'impertinence de ses propositions, et chaque réflexion est douloureusement accompagnée d'un: «Mais que diable allait-il faire à cette galère? Ah! maudite galère! Traître de Turc!» Enfin, après plusieurs détours, après avoir longtemps gémi et soupiré... Mais il me

semble que vous ne riez point de mon conte.
Qu'en dites-vous ?

GÉRONTE

Je dis que le jeune homme est un pendard,
un insolent, qui sera puni par son père du tour
qu'il lui a fait; que l'Égyptienne est une mal-
avisée, une impertinente, de dire des injures à
un homme d'honneur, qui saura lui apprendre
à venir ici débaucher les enfants de famille ; et
que le valet est un scélérat, qui sera par Géronte
envoyé au gibet avant qu'il soit demain.

SCÈNE IV

SILVESTRE, ZERBINETTE

SILVESTRE

Où est-ce donc que vous vous échappez[1] ?
Savez-vous bien que vous venez de parler là
au père de votre amant ?

---

1. Deux sens possibles : où vous en allez-vous hors du logis ?, ou, plutôt, à quelle fantaisie vous êtes-vous livrée ?

ZERBINETTE

Je viens de m'en douter, et je me suis adressée à lui-même sans y penser, pour lui conter son histoire.

SILVESTRE

Comment, son histoire?

ZERBINETTE

5   Oui, j'étais toute remplie du conte, et je brûlais de le redire. Mais qu'importe? Tant pis pour lui. Je ne vois pas que les choses pour nous en puissent être ni pis ni mieux.

SILVESTRE

Vous aviez grande envie de babiller; et c'est
10 avoir bien de la langue que de ne pouvoir se taire de ses propres affaires.

ZERBINETTE

N'aurait-il pas appris cela de quelque autre?

SCÈNE V

ARGANTE, SILVESTRE

ARGANTE

Holà ! Silvestre.

SILVESTRE

Rentrez dans la maison. Voilà mon maître qui m'appelle.

ARGANTE

Vous vous êtes donc accordés, coquin ; vous vous êtes accordés, Scapin, vous, et mon fils, pour me fourber et vous croyez que je l'endure ?

SILVESTRE

Ma foi ! Monsieur, si Scapin vous fourbe, je m'en lave les mains, et vous assure que je n'y trempe en aucune façon.

ARGANTE

Nous verrons cette affaire, pendard, nous verrons cette affaire, et je ne prétends pas qu'on me fasse passer la plume par le bec[1].

---

1. « On appelle un *oison bridé* celui à qui on a passé une plume par les ouvertures qui sont à la partie supérieure de son

SCÈNE VI

GÉRONTE, ARGANTE, SILVESTRE

GÉRONTE

Ah! seigneur Argante, vous me voyez accablé de disgrâce.

ARGANTE

Vous me voyez aussi dans un accablement horrible.

GÉRONTE

Le pendard de Scapin, par une fourberie, m'a attrapé cinq cents écus.

ARGANTE

Le même pendard de Scapin, par une fourberie aussi, m'a attrapé deux cents pistoles.

GÉRONTE

Il ne s'est pas contenté de m'attraper cinq cents écus : il m'a traité d'une manière que j'ai honte de dire. Mais il me la paiera.

---

bec, pour l'empêcher de passer des haies et d'entrer dans les jardins où il est permis de le tuer [...] C'est de là qu'est venu le proverbe de *passer la plume par le bec* » (Furetière).

ARGANTE

Je veux qu'il me fasse raison de la pièce qu'il m'a jouée.

GÉRONTE

Et je prétends faire de lui une vengeance exemplaire.

SILVESTRE

Plaise au Ciel que dans tout ceci je n'aie point ma part !

GÉRONTE

Mais ce n'est pas encore tout, seigneur Argante, et un malheur nous est toujours l'avant-coureur d'un autre. Je me réjouissais aujourd'hui de l'espérance d'avoir ma fille, dont je faisais toute ma consolation ; et je viens d'apprendre de mon homme qu'elle est partie il y a longtemps de Tarente, et qu'on y croit qu'elle a péri dans le vaisseau où elle s'embarqua.

ARGANTE

Mais pourquoi, s'il vous plaît, la tenir à Tarente, et ne vous être pas donné la joie de l'avoir avec vous ?

GÉRONTE

J'ai eu mes raisons pour cela ; et des intérêts de famille m'ont obligé jusques ici à tenir fort secret ce second mariage. Mais que vois-je ?

SCÈNE VII

NÉRINE, ARGANTE, GÉRONTE, SILVESTRE

GÉRONTE

Ah ! te voilà, Nourrice.

NÉRINE, *se jetant à ses genoux*

Ah ! seigneur Pandolphe[1], que...

GÉRONTE

Appelle-moi Géronte, et ne te sers plus de ce nom. Les raisons ont cessé qui m'avaient obligé à le prendre parmi vous à Tarente.

---

1. Deux évêques italiens des xve et xvie siècles se nommaient ainsi.

NÉRINE

Las! que ce changement de nom nous a causé de troubles et d'inquiétudes dans les soins que nous avons pris de vous venir chercher ici!

GÉRONTE

Où est ma fille, et sa mère?

NÉRINE

Votre fille, Monsieur, n'est pas loin d'ici. Mais avant que de vous la faire voir, il faut que je vous demande pardon de l'avoir mariée, dans l'abandonnement où, faute de vous rencontrer, je me suis trouvée avec elle.

GÉRONTE

Ma fille mariée!

NÉRINE

Oui, Monsieur.

GÉRONTE

Et avec qui?

NÉRINE

Avec un jeune homme nommé Octave, fils d'un certain seigneur Argante.

GÉRONTE

Ô Ciel !

ARGANTE

Quelle rencontre !

GÉRONTE

Mène-nous, mène-nous promptement où elle est.

NÉRINE

Vous n'avez qu'à entrer dans ce logis.

GÉRONTE

Passe devant. Suivez-moi, suivez-moi, seigneur Argante.

SILVESTRE

Voilà une aventure qui est tout à fait surprenante.

SCÈNE VIII

SCAPIN, SILVESTRE

SCAPIN

Hé bien ! Silvestre, que font nos gens ?

SILVESTRE

J'ai deux avis à te donner. L'un, que l'affaire d'Octave est accommodée. Notre Hyacinte s'est trouvée la fille du seigneur Géronte ; et le hasard a fait ce que la prudence des pères avait délibéré. L'autre avis, c'est que les deux vieillards font contre toi des menaces épouvantables, et surtout le seigneur Géronte.

SCAPIN

Cela n'est rien. Les menaces ne m'ont jamais fait mal ; et ce sont des nuées qui passent bien loin sur nos têtes.

SILVESTRE

Prends garde à toi : les fils se pourraient bien raccommoder avec les pères, et toi demeurer dans la nasse[1].

---

1. La nasse est une sorte de panier pour capturer les poissons.

SCAPIN

Laisse-moi faire, je trouverai moyen d'apaiser leur courroux, et...

SILVESTRE

Retire-toi, les voilà qui sortent.

SCÈNE IX

GÉRONTE, ARGANTE, SILVESTRE, NÉRINE, HYACINTE

GÉRONTE

Allons, ma fille, venez chez moi. Ma joie aurait été parfaite, si j'y avais pu voir votre mère avec vous.

ARGANTE

Voici Octave, tout à propos.

SCÈNE X

OCTAVE, ARGANTE, GÉRONTE,
HYACINTE, NÉRINE, ZERBINETTE,
SILVESTRE

ARGANTE

Venez, mon fils, venez vous réjouir avec nous de l'heureuse aventure de votre mariage. Le Ciel...

OCTAVE, *sans voir Hyacinte*

Non, mon père, toutes vos propositions de mariage ne serviront de rien. Je dois lever le masque avec vous, et l'on vous a dit mon engagement.

ARGANTE

Oui ; mais, tu ne sais pas...

OCTAVE

Je sais tout ce qu'il faut savoir.

ARGANTE

Je te veux dire que la fille du seigneur Géronte...

OCTAVE

La fille du seigneur Géronte ne me sera jamais de rien.

GÉRONTE

C'est elle...

OCTAVE

Non, Monsieur; je vous demande pardon, mes résolutions sont prises.

SILVESTRE

Écoutez...

OCTAVE

Non : tais-toi, je n'écoute rien.

ARGANTE

Ta femme...

OCTAVE

Non, vous dis-je, mon père, je mourrai plutôt que de quitter mon aimable Hyacinte. *(Traversant le théâtre pour aller à elle.)* Oui, vous avez beau faire, la voilà celle à qui ma foi est engagée; je l'aimerai toute ma vie et je ne veux point d'autre femme.

ARGANTE

Hé bien ! c'est elle qu'on te donne. Quel diable d'étourdi, qui suit toujours sa pointe[1] !

HYACINTE

Oui, Octave, voilà mon père que j'ai trouvé, et nous nous voyons hors de peine.

GÉRONTE

Allons chez moi : nous serons mieux qu'ici pour nous entretenir.

HYACINTE

Ah ! mon père, je vous demande par grâce que je ne sois point séparée de l'aimable personne que vous voyez ; elle a un mérite qui vous fera concevoir de l'estime pour elle, quand il sera connu de vous.

GÉRONTE

Tu veux que je tienne chez moi une personne qui est aimée de ton frère, et qui m'a dit tantôt au nez mille sottises de moi-même ?

---

1. « *Pointe* [...] se dit d'une résolution constante. Un habile homme poursuit toujours sa pointe quand il a bien concerté une entreprise » (Furetière).

ZERBINETTE

Monsieur, je vous prie de m'excuser. Je n'aurais pas parlé de la sorte, si j'avais su que c'était vous, et je ne vous connaissais que de réputation.

GÉRONTE

Comment, que de réputation?

HYACINTE

Mon père, la passion que mon frère a pour elle n'a rien de criminel, et je réponds de sa vertu.

GÉRONTE

Voilà qui est fort bien. Ne voudrait-on point que je mariasse mon fils avec elle? Une fille inconnue, qui fait le métier de coureuse[1].

---

1. Richelet et Furetière sont d'accord pour donner au mot le sens de prostituée.

SCÈNE XI

LÉANDRE, OCTAVE, HYACINTE,
ZERBINETTE, ARGANTE, GÉRONTE,
SILVESTRE, NÉRINE

LÉANDRE

Mon père, ne vous plaignez point que j'aime une inconnue, sans naissance et sans bien. Ceux de qui je l'ai rachetée viennent de me découvrir qu'elle est de cette ville, et d'honnête famille ; que ce sont eux qui l'y ont dérobée à l'âge de quatre ans ; et voici un bracelet, qu'ils m'ont donné, qui pourra nous aider à trouver ses parents.

ARGANTE

Hélas ! à voir ce bracelet, c'est ma fille, que je perdis à l'âge que vous dites.

GÉRONTE

Votre fille ?

ARGANTE

Oui, ce l'est, et j'y vois tous les traits qui m'en peuvent rendre assuré[1].

---

1. Cette seconde reconnaissance est de Molière seul, rien de tel chez Térence.

HYACINTE

Ô Ciel ! que d'aventures extraordinaires !

SCÈNE XII

CARLE, LÉANDRE, OCTAVE,
GÉRONTE, ARGANTE, HYACINTE,
ZERBINETTE, SILVESTRE, NÉRINE

CARLE

Ah ! Messieurs, il vient d'arriver un accident étrange.

GÉRONTE

Quoi ?

CARLE

Le pauvre Scapin...

GÉRONTE

C'est un coquin que je veux faire pendre.

CARLE

Hélas ! Monsieur, vous ne serez pas en peine de cela. En passant contre un bâtiment, il lui est tombé sur la tête un marteau de tailleur de pierre, qui lui a brisé l'os et découvert toute la cervelle[1]. Il se meurt, et il a prié qu'on l'apportât ici pour vous pouvoir parler avant que de mourir.

ARGANTE

Où est-il ?

CARLE

Le voilà.

SCÈNE DERNIÈRE

SCAPIN, CARLE, GÉRONTE, ARGANTE,
etc.

SCAPIN, *apporté par deux hommes
et la tête entourée de linges,
comme s'il avait été bien blessé*

Ahi, ahi, Messieurs, vous me voyez... ahi, vous me voyez dans un étrange état. Ahi. Je n'ai pas voulu mourir sans venir demander pardon à toutes les personnes que je puis avoir offensées. Ahi. Oui, Messieurs, avant que de rendre le dernier soupir, je vous conjure de tout

---

1. On se rappellera que Cyrano, l'auteur du *Pédant joué* imité par Molière, est mort de cette façon-là.

mon cœur de vouloir me pardonner tous ce que je puis vous avoir fait, et principalement le seigneur Argante, et le seigneur Géronte. Ahi.

ARGANTE

Pour moi je te pardonne ; va, meurs en repos.

SCAPIN

C'est vous, Monsieur, que j'ai le plus offensé, par les coups de bâton que…

GÉRONTE

Ne parle point davantage, je te pardonne aussi.

SCAPIN

Ç'a été une témérité bien grande à moi, que les coups de bâton que je…

GÉRONTE

Laissons cela.

SCAPIN

J'ai, en mourant, une douleur inconcevable des coups de bâton que…

GÉRONTE

Mon Dieu ! tais-toi.

SCAPIN

Les malheureux coups de bâton que je vous...

GÉRONTE

Tais-toi, te dis-je, j'oublie tout.

SCAPIN

Hélas! quelle bonté! Mais est-ce de bon cœur, Monsieur, que vous me pardonnez ces coups de bâton que...

GÉRONTE

Eh! oui. Ne parlons plus de rien; je te pardonne tout, voilà qui est fait.

SCAPIN

Ah! Monsieur, je me sens tout soulagé depuis cette parole.

GÉRONTE

Oui; mais je te pardonne à la charge que tu mourras.

SCAPIN

Comment, Monsieur?

GÉRONTE

Je me dédis de ma parole, si tu réchappes.

SCAPIN

Ahi, ahi. Voilà mes faiblesses qui me reprennent.

ARGANTE

Seigneur Géronte, en faveur de notre joie, il faut lui pardonner sans condition.

GÉRONTE

Soit.

ARGANTE

Allons souper ensemble, pour mieux goûter notre plaisir.

SCAPIN

Et moi, qu'on me porte au bout de la table, en attendant que je meure[1].

---

1. Scapin rejette son pansement, se dresse et il est emporté en triomphe. Ce jeu de scène peut bien remonter à Molière.

DOSSIER

CHRONOLOGIE
1622-1673

1622. *15 janvier* : baptême à Saint-Eustache de Jean Poquelin. — Les parents sont tapissiers depuis plusieurs générations. — Dans la famille on appelle l'enfant Jean-Baptiste.

1632. *11 mai* : la mère du petit Poquelin meurt.

1637. *14 décembre* : Poquelin père, qui a acheté en 1631 un office de tapissier et valet de chambre du roi, obtient la survivance pour son fils.

Les études de Molière : 1° Études primaires dans une école paroissiale sans doute. 2° Études secondaires chez les Jésuites du collège de Clermont (actuel lycée Louis-le-Grand). 3° Études de droit. Molière obtient ses licences à Orléans ; se fait avocat ; au bout de quelques mois il abandonne.

L'Illustre-Théâtre : Molière aurait beaucoup fréquenté le théâtre avec l'un de ses grands-pères. Tout en étant inscrit au barreau, il aurait fait partie des troupes de deux charlatans vendeurs de médicaments, Bary et l'Orviétan.

Il connaît les Béjart, des comédiens, et surtout sans doute Madeleine Béjart, très bonne comédienne.

— *30 juin 1643* : contrat de société entre Beys,

Pinel, Joseph Béjart, Madeleine Béjart, Geneviève Béjart et J.-B. Poquelin. Installation de la troupe au jeu de paume des Métayers, faubourg Saint-Germain (actuellement 10-12, rue Mazarine).

1644. *28 juin* : J.-B. Poquelin signe du pseudonyme de Molière. Choix de ce pseudonyme inexpliqué.

Difficultés financières ; de plus les comédiens sont l'objet d'une guerre sans merci de la part du curé réformateur de la paroisse Saint-Sulpice, Olier. La troupe, endettée, va s'installer sur la rive droite, au port Saint-Paul (actuellement quai des Célestins). Mauvaises affaires. Molière est emprisonné pour dettes, deux fois pendant quelques jours.

L'expérience des tournées (treize ans) : Molière est peut-être dans la troupe de Dufresne. Son passage attesté à Nantes, Poitiers, Toulouse, Narbonne, Pézenas, Grenoble, Lyon. *Septembre 1653*, la troupe est autorisée à prendre le titre de Troupe du prince de Conti (frère du Grand Condé). Son secteur : Languedoc, vallée du Rhône, des pointes à Bordeaux, Dijon. *Mars 1656*, Conti se convertit ; *1657*, il interdit aux comédiens de se prévaloir de son nom.

L'installation à Paris : après un passage à Rouen, la troupe débute à Paris (octobre 1658). *24 octobre* : débuts devant le roi avec *Nicomède* et un petit divertissement de Molière : *Le Docteur amoureux*, perdu. Installation salle du Petit-Bourbon, en alternance avec les Italiens.

1658. *2 novembre* : première représentation à Paris de *L'Étourdi*, créé à Lyon en 1655.

Échec dans les pièces cornéliennes : *Héraclius, Rodogune, Cinna, Le Cid, Pompée.* — Grand succès avec *Le Dépit amoureux* (deuxième pièce de Molière, créée à Béziers en 1656).

La troupe est composée de dix acteurs : dont deux sœurs Béjart, deux frères Béjart, du Parc et la du Parc. Troupe jeune et dynamique.

1659. *18 novembre* : *Les Précieuses ridicules* (troisième pièce de Molière). Vif succès. Molière commence à faire beaucoup parler de lui.

1660. *28 mai* : *Sganarelle ou le Cocu imaginaire* (quatrième pièce).

Octobre : période difficile. La salle du Petit-Bourbon est démolie.

1661. *20 janvier* : ouverture de la salle du Palais-Royal où Molière jouera jusqu'à sa mort.

4 février : première de *Dom Garcie de Navarre* (cinquième pièce).

24 juin : première de *L'École des maris* (sixième pièce).

17 août : première des *Fâcheux* à Vaux-le-Vicomte (septième pièce) chez Foucquet, le surintendant des Finances, trois semaines avant l'arrestation de celui-ci.

1662. *23 janvier* : contrat de mariage de Molière et d'Armande Béjart. — *20 février* : mariage.

8-14 mai : premier séjour de la troupe à la cour. — C'est une consécration.

26 décembre : première de *L'École des femmes*. La querelle de *L'École des femmes* commence. Les ennemis de Molière ne cesseront plus guère de le harceler, l'attaquant jusque dans sa vie privée ; l'accusant d'avoir épousé la fille de sa vieille maîtresse, Madeleine Béjart, et peut-être sa propre fille. En fait, il nous paraît certain qu'il a épousé la jeune sœur de Madeleine Béjart.

Molière répond aux attaques par *La Critique de*

l'École des femmes (août 1663) et *L'Impromptu de Versailles* (octobre 1663).

1664. *29 janvier* : première du *Mariage forcé* (onzième pièce).

28 février : baptême du fils aîné de Molière. Parrain : le roi, marraine : Madame Henriette d'Angleterre, épouse du frère du roi. L'enfant meurt à dix mois.

17 avril : l'affaire du *Tartuffe* commence : les membres de la Compagnie du Saint-Sacrement délibèrent des moyens de supprimer cette «méchante comédie».

30 avril-22 mai : la troupe est à Versailles pour les fêtes des *Plaisirs de l'île enchantée*. Première de *La Princesse d'Élide* (douzième pièce).

12 mai : première du *Tartuffe*. Mais remontrances des dévots : le roi ne permet pas d'autres représentations publiques. Vers cette date, semble-t-il, commence à courir le bruit qu'Armande est infidèle à son mari. Bruit assez généralement accepté, mais mal contrôlable.

1665. *15 février* : première de *Dom Juan* (quatorzième pièce). Pas repris après Pâques.

4 août : baptême d'Esprit-Madeleine, fille de Molière, seul enfant qui lui ait survécu.

14 août : le roi donne à la troupe une pension de 7 000 livres, et le titre de Troupe du roi.

14 septembre : première de *L'Amour médecin* (quinzième pièce).

29 décembre 1665-5 février 1666 : relâche ; Molière, très malade, a failli mourir.

1666. *4 juin* : première du *Misanthrope* (seizième pièce).

6 août : première du *Médecin malgré lui* (dix-septième pièce). La querelle de la moralité au théâtre met en accusation Molière; il lui est reproché (Conti, Racine, d'Aubignac) de faire retomber le théâtre à son ancienne turpitude.

1ᵉʳ décembre : la troupe part pour Versailles. Elle est employée dans le *Ballet des Muses*. Molière joue sa dix-huitième pièce, *Mélicerte*, puis sa dix-neuvième, *Le Sicilien ou l'Amour peintre*.

1667. *16 avril* : le bruit a couru que Molière était à l'extrémité. La troupe ne recommence à jouer que le 15 mai.

5 août : représentation de *L'Imposteur*, qui n'est autre qu'un remaniement du *Tartuffe*. La pièce est immédiatement interdite par le premier président du parlement de Paris et par l'archevêque de Paris. Molière essaie vainement d'agir auprès du roi.

1668. *13 janvier* : première d'*Amphitryon* (vingtième pièce).

15 juillet : première de *George Dandin* (vingt et unième pièce).

9 septembre : première de *L'Avare* (vingt-deuxième pièce).

1669. *5 février* : *Le Tartuffe* se joue enfin librement. 44 représentations consécutives. Pour la première, recette record : 2 860 livres ; on a dû s'entasser dans tous les recoins possibles de la salle et de la scène.

4 avril : achevé d'imprimer du poème *La Gloire du Val-de-Grâce*, décrivant l'œuvre de Mignard et définissant son art.

6 octobre : première de *Monsieur de Pourceaugnac* à Chambord (vingt-troisième pièce).

1670. *4 janvier* : *Élomire hypocondre*, comédie d'un auteur non identifié. L'un des pamphlets les plus violents contre Molière, mais renseigné.

4 février : *Les Amants magnifiques* à Saint-Germain (vingt-quatrième pièce).

14 octobre : *Le Bourgeois gentilhomme* à Chambord (vingt-cinquième pièce).

1671. *17 janvier* : première de *Psyché*, dans la grande salle des Tuileries (vingt-sixième pièce). Molière a demandé, pour aller plus vite, leur collaboration à Quinault et à Pierre Corneille.

24 mai : première des *Fourberies de Scapin* (vingt-septième pièce).

2 décembre : première de *La Comtesse d'Escarbagnas* (vingt-huitième pièce).

1672. *17 février* : mort de Madeleine Béjart.

11 mars : première des *Femmes savantes* (vingt-neuvième pièce).

1er octobre : baptême du second fils de Molière. Il ne vivra que dix jours.

1673. *10 février* : première du *Malade imaginaire* (trentième pièce). — La musique des pièces de Molière avait jusqu'alors été faite par Lully (*La Princesse d'Élide, Monsieur de Pourceaugnac, Le Bourgeois gentilhomme*). Mais Lully, contrairement semble-t-il à un accord conclu avec Molière pour partager le privilège de l'opéra, obtient un véritable monopole pour les représentations comportant musique. Molière est amené à rompre avec Lully. *Le Malade imaginaire*, prévu pour être joué devant la cour, est donné au public du théâtre du Palais-Royal.

17 février : quatrième représentation du *Malade imaginaire*. En prononçant le *juro* de la cérémonie finale, Molière est pris de convulsions. Il cache par «un ris forcé» ce qui lui arrive. Il est transporté chez lui dans sa chaise. Il tousse, crache du sang et meurt peu après. Sa femme a vainement

cherché un prêtre pour lui donner l'absolution. Il est mort sans avoir abjuré sa qualité de comédien. La sépulture ecclésiastique lui est refusée. Sa femme va supplier le roi, qui fait pression sur l'archevêque. Le curé de Saint-Eustache autorise enfin un enterrement discret et de nuit au cimetière Saint-Joseph, dépendant de Saint-Eustache. Il se peut que le corps ait été transféré dans la partie réservée aux enfants morts sans baptême.
3 mars : *Le Malade imaginaire* est repris, avec La Thorillière dans le rôle du malade.

NOTE SUR LES PERSONNAGES DE LA PIÈCE

Argante. Le nom est d'un guerrier de la *Jérusalem délivrée* du Tasse. Mais n'était-il pas déjà devenu nom de théâtre ? Ou Molière ne l'a-t-il pas fabriqué dans le sillage d'Orgon (cf. Argan...) — On ne sait qui joua le rôle lors de la création. En 1685, il était tenu par La Grange ; mais en 1671 son emploi était celui des amoureux ; il a donc dû être plutôt Léandre à la création.

Zerbinette. Le rôle était tenu à la création par Mlle Beauval. Elle était connue pour son rire communicatif : Nicole dans *Le Bourgeois gentilhomme* ; Toinette dans *Le Malade imaginaire*. « Rôle jovial » écrit le journaliste Robinet. — Le nom vient de la *commedia dell'arte*, il signifie amoureuse galante (voir *Le Malade imaginaire*, sérénade de Polichinelle).

Scapin. Rôle de Molière : « Cet étrange Scapin-là / Est Molière en propre personne / [il] Fait ce rôle admirablement », écrit Robinet.

Silvestre, qui joue le spadassin (acte II, sc. VI). Rôle tenu par La Thorillière, « furieux porte-rapière », dit Robinet.

L'*Inavvertito*, que Molière a imité, se passe déjà à Naples.

BIBLIOGRAPHIE

Éditions de référence

Œuvres complètes, édition de Georges Couton, Gallimard, Bibliothèque de la Pléiade, 1971, revue en 1976, 2 vol.

Œuvres complètes, nouvelle édition de Georges Forestier, avec Claude Bourqui, Gallimard, Bibliothèque de la Pléiade, 2010, 2 vol.

Études concernant l'œuvre de Molière

René BRAY, *Molière homme de théâtre*, Mercure de France, 1954.

Jean-Pierre COLLINET, *Lectures de Molière*, Armand Colin, coll. « U2 », 1974.

Gabriel CONESA, *Le Dialogue moliéresque, étude stylistique et dramaturgique* (1983), rééd. SEDES-CDU, 1992.

Gabriel CONESA, *La Comédie de l'âge classique, 1630-1715*, Le Seuil, coll. « Écrivains de toujours », 1995.

Jacques COPEAU, *Registres II, Molière*, Gallimard, 1976.

Patrick DANDREY, *Molière ou l'Esthétique du ridicule*, Klincksieck, coll. « Bibliothèque d'histoire du théâtre », 1992.

Gérard Defaux, *Molière ou les métamorphoses du comique*, 2ᵉ éd., Klincksieck, coll. « Bibliothèque d'histoire du théâtre », 1992.

Georges Forestier, *Molière*, Bordas, coll. « En toutes lettres », 1990.

Jacques Truchet et autres, *Thématiques de Molière*, SEDES, 1985.

Études sur Les Fourberies de Scapin

Jean-Louis Barrault, *Nouvelles réflexions sur le théâtre*, Flammarion, 1959.

Claude Bourqui et Claudio Vinti, *Molière à l'école italienne. Le Lazzo dans la création moliéresque*, Turin et Paris, L'Harmattan, 2003.

Jacques Copeau, *Mise en scène des* Fourberies de Scapin, présentation de Louis Jouvet (1951), Éditions d'aujourd'hui, coll. « Les Introuvables », 1983.

Maurice Descotes, *Les Grands Rôles du théâtre de Molière*, PUF, 1960, chap. VII.

C. B.

RÉSUMÉ

ACTE I

Octave, fils d'Argante, se lamente : son père rentre de son voyage avec Géronte le jour même, avec la ferme intention de le marier à la fille de Géronte, venue de Tarente à cet effet. Or Octave, en l'absence de son père, a épousé une jeune fille pauvre, Hyacinte, tandis que Léandre, le fils de Géronte, est tombé amoureux d'une Égyptienne. Scapin, valet de Léandre et fieffé rusé, promet de reprendre du service dans sa qualité de fourbe pour aider les jeunes gens (scène 2), et prépare Octave aux remontrances de son père (scène 3). Arrive Argante, accueilli par Scapin et Silvestre, le valet d'Octave, qui peste contre son fils. Scapin, pour le calmer, raconte qu'Octave a été contraint par la force d'épouser Hyacinte et déconseille à Argante, au nom de l'honneur et de la tendresse paternelle, de faire casser ce mariage par le notaire (scène 4).

ACTE II

Géronte reproche à Argante d'avoir bien mal élevé son fils, pour que celui-ci se marie à l'insu de son père. Argante lui renvoie la confidence de Scapin : son fils à lui, Léandre, a fait bien pire (scène 1). Perplexe, Géronte soumet son fils à la question, sans même lui laisser le temps de l'embrasser. Léandre, sans rien avouer directement, rougit pourtant quand son père lui dit que Scapin lui a donné « de ses nouvelles » (scène 2). Pensant avoir été trahi, Léandre veut rouer de coups Scapin. Sous la menace, celui-ci confesse plusieurs méfaits, mais nie avoir rien confié à Géronte des amours de Léandre et Zerbinette (scène 3). Sur ce, on vient annoncer à Léandre que Zerbinette sera vendue dans deux heures s'il ne donne pas cinq cents écus : Léandre supplie Scapin de trouver cet argent (scène 4). Scapin commence par essayer de soutirer à Argante l'argent nécessaire à Octave pour sa jeune femme démunie. Il explique donc à Argante qu'un procès coûterait plus cher que les deux cents pistoles à donner au frère de la jeune femme pour qu'il annule le mariage (scène 5). Comme Argante refuse, arrive le prétendu frère — en fait Silvestre, complice de Scapin, déguisé — qui ne parle que de rompre le cou à Argante. Caché au fond du sac de Scapin, Argante, terrorisé, finit par verser les deux cents pistoles (scène 6). À Géronte, Scapin raconte que son fils a été enlevé, sur mer, par des Turcs qui exigent cinq cents écus de rançon. Après avoir proposé de vendre quelques fripes et s'être lamenté longuement, Géronte donne les cinq cents écus à Scapin (scène 7).

ACTE III

Scapin pourtant n'entend pas simplement délester Géronte de son argent. Prétextant que le frère de la femme d'Octave et ses hommes cherchent à le tuer, il le convainc de se cacher dans son sac. Contrefaisant les prétendus ennemis de Géronte, Scapin en profite pour donner moult coups de bâton sur le sac... avant que Géronte ne sorte la tête du sac et ne découvre la supercherie (scène 2). Encore tout moulu de coups, Géronte croise Zerbinette qui, ignorant qui il est, lui raconte l'histoire du père à qui on avait faire accroire que son fils avait été enlevé sur une galère de Turcs. Géronte, fort en colère, menace de conduire dès le lendemain Scapin au gibet (scène 3). Géronte croise ensuite Argante, et tous deux se plaignent de l'argent que Scapin leur a extorqué (scène 6), jusqu'à ce que Géronte retrouve le sourire en voyant Nérine, la nourrice de sa fille, qui raconte comment celle-ci s'est mariée à un certain Octave (scène 7). Le mariage d'Octave, qui se révèle correspondre aux vœux de son père, réjouit ainsi tout le monde (scène 10). L'affaire de Léandre se trouve aussi rapidement arrangée : Argante reconnaît en Zerbinette sa fille qui lui avait été volée par des brigands à l'âge de quatre ans (scène 11). Reste Scapin : pour se faire pardonner d'Argante et Géronte, inventant une ultime ruse, il se fait passer pour mourant, mortellement blessé à la tête par un marteau de tailleur de pierre, et reçoit ainsi le pardon des deux pères attendris (scène dernière).

C. B.

Préface de Georges Couton   7

LES FOURBERIES DE SCAPIN

Acte I	19
Acte II	60
Acte III	120

DOSSIER

Chronologie	165
Note sur les personnages de la pièce	172
Bibliographie	173
Résumé	175

DU MÊME AUTEUR

Dans la collection Folio classique

Éditions collectives

L'ÉCOLE DES MARIS, L'ÉCOLE DES FEMMES, LA CRITIQUE DE L'ÉCOLE DES FEMMES, L'IMPROMPTU DE VERSAILLES. Édition présentée et établie par Jean Serroy.

LES FOURBERIES DE SCAPIN, L'AMOUR MÉDECIN, LE MÉDECIN MALGRÉ LUI, MONSIEUR DE POURCEAUGNAC. Édition présentée et établie par Georges Couton.

TARTUFFE, DOM JUAN, LE MISANTHROPE. Édition présentée et établie par Georges Couton

Éditions isolées

L'AVARE. Édition présentée et établie par Georges Couton.

LE BOURGEOIS GENTILHOMME. Édition présentée et établie par Georges Couton.

DOM JUAN. Édition présentée et établie par Georges Couton.

L'ÉCOLE DES FEMMES. Édition présentée et établie par Jean Serroy.

LES FEMMES SAVANTES. Édition présentée et établie par Georges Couton.

LES FOURBERIES DE SCAPIN. Édition présentée et établie par Georges Couton.

LE MALADE IMAGINAIRE. Édition présentée et établie par Georges Couton.

LE MÉDECIN MALGRÉ LUI. Édition présentée et établie par Georges Couton.

LE MISANTHROPE. Édition présentée et établie par Jacques Chupeau.

LE TARTUFFE. Édition présentée et établie par Jean Serroy.

Dans la collection Folio théâtre

L'AVARE. Édition présentée et établie par Jacques Chupeau.

LE BOURGEOIS GENTILHOMME. Édition présentée et établie par Jean Serroy.

LES PRÉCIEUSES RIDICULES. Édition présentée et établie par Jacques Chupeau.

L'ÉTOURDI. Édition présentée et établie par Patrick Dandrey.

SGANARELLE. Édition présentée et établie par Patrick Dandrey.

LES FÂCHEUX. Édition présentée et établie par Jean Serroy.

GEORGE DANDIN suivi de LA JALOUSIE DU BARBOUILLÉ. Édition présentée et établie par Patrick Dandrey.

LE MÉDECIN VOLANT. LE MARIAGE FORCÉ. Édition présentée et établie par Bernard Beugnot.

COLLECTION
FOLIO CLASSIQUE

Éditions révisées

1151 E.T.A. HOFFMANN : *Le Magnétiseur et autres contes*. Traduction de l'allemand d'Olivier Bournac, Henri Egmont, André Espiau de La Maëstre, Alzir Hella et Madeleine Laval. Édition d'Albert Béguin. Préface de Claude Roy.

1024 HONORÉ DE BALZAC : *La Vieille Fille*. Édition de Robert Kopp. Nouvelle mise en page.

1437 ÉMILE ZOLA : *L'Œuvre*. Édition d'Henri Mitterand. Préface de Bruno Foucart. Nouvelle mise en page.

2658 MARCEL PROUST : *Le Côté de Guermantes*. Édition de Thierry Laget et Brian G. Rogers. Nouvelle mise en page.

693 JEAN DE LA BRUYÈRE : *Les Caractères*. Nouvelle préface de Pascal Quignard. Édition d'Antoine Adam.

728 FRANÇOIS DE LA ROCHEFOUCAULD : *Maximes et Réflexions diverses*. Édition de Jean Lafond.

1356 SÉBASTIEN-ROCH-NICOLAS CHAMFORT : *Maximes et pensées*. Caractères et anecdotes. Préface d'Albert Camus. Édition de Geneviève Renaux.

2736 ÉMILE ZOLA : *Lourdes*. Édition de Jacques Noiray.

3296 ÉMILE ZOLA : *Rome*. Édition de Jacques Noiray.

3735 ÉMILE ZOLA : *Paris*. Édition de Jacques Noiray.

3319 CHARLES BAUDELAIRE : *Les Fleurs du mal*. Édition collector illustrée. Photographies de Mathieu Trautmann.

3512 GUSTAVE FLAUBERT : *Madame Bovary*. Édition collector. Préface d'Elena Ferrante.

2599 HANS CHRISTIAN ANDERSEN. *La Petite Sirène et autres contes*. Édition et traduction de Régis Boyer.

2047	MARCEL PROUST : *Sodome et Gomorrhe*. Édition révisée et augmentée par Antoine Compagnon. Nouvelle mise en page.
380	HONORÉ DE BALZAC : *Le Cousin Pons*. Nouvelle édition annotée par Isabelle Mimouni. Nouvelle préface d'Adrien Goetz. Postface d'André Lorant.
2089	MARCEL PROUST : *La Prisonnière*. Édition de Pierre-Edmond Robert. Nouvelle mise en page.
2139	MARCEL PROUST : *Albertine disparue*. Édition d'Anne Chevalier révisée par Pierre-Edmond Robert. Nouvelle mise en page.
2203	MARCEL PROUST : *Le Temps retrouvé*. Préface de Pierre-Louis Rey. Édition de Pierre-Edmond Robert. Notes de Jacques Robichez, avec la collaboration de Pierre-Edmond Robert et Brian G. Rogers. Nouvelle mise en page.
2358	VOLTAIRE : *Romans et contes*, tome II. Édition de Frédéric Deloffre et Jacques Van den Heuvel. Postface de Roland Barthes.
5274	JULES VERNE : *Voyage au centre de la terre*. Édition de William Butcher. Illustrations de Riou.
5879	EDGAR ALLAN POE : *Le Scarabée d'or*. Traduction de l'anglais et préface de Charles Baudelaire. Édition de Jean-Pierre Naugrette.
6249	VICTOR HUGO : *Bug-Jargal*. Édition de Roger Borderie.
1536	OCTAVE MIRBEAU : *Le Journal d'une femme de chambre*. Édition de Noël Arnaud, révisée par Michel Delon.
3302	ÉMILE ZOLA : *La Curée*. Édition d'Henri Mitterand. Préface de Jean Borie.
2070	ÉMILE ZOLA : *Une page d'amour*. Édition d'Henri Mitterand.
3218	ÉMILE ZOLA : *Au Bonheur des Dames*. Édition d'Henri Mitterand. Préface de Jeanne Gaillard.
3128	FÉDOR DOSTOÏEVSKI : *L'Adolescent*. Traduction du russe par Pierre Pascal. Préface de Georges Nivat.

Dernières parutions

6419 HONORÉ DE BALZAC : *La Femme abandonnée*. Édition de Madeleine Ambrière-Fargeaud.

6420 JULES BARBEY D'AUREVILLY : *Le Rideau cramoisi*. Édition de Jacques Petit.

6421 CHARLES BAUDELAIRE : *La Fanfarlo*. Édition de Claude Pichois.

6422 PIERRE LOTI : *Les Désenchantées*. Édition de Sophie Basch. Illustrations de Manuel Orazi.

6423 STENDHAL : *Mina de Vanghel*. Édition de Philippe Berthier.

6424 VIRGINIA WOOLF : *Rêves de femmes. Six nouvelles*. Précédé de l'essai de Woolf « Les femmes et le roman » traduit par Catherine Bernard. Traduction de l'anglais et édition de Michèle Rivoire.

6425 CHARLES DICKENS : *Bleak House*. Traduction de l'anglais et édition de Sylvère Monod. Préface d'Aurélien Bellanger.

6439 MARCEL PROUST : *Un amour de Swann*. Édition de Jean-Yves Tadié.

6440 STEFAN ZWEIG : *Lettre d'une inconnue*. Traduction de l'allemand de Mathilde Lefebvre. Édition de Jean-Pierre Lefebvre.

6472 JAROSLAV HAŠEK : *Les Aventures du brave soldat Švejk pendant la Grande Guerre*. Traduction du tchèque de Benoît Meunier. Édition de Jean Boutan.

6510 VIRGINIA WOOLF : *Orlando*. Traduction de l'anglais et édition de Jacques Aubert.

6533 ANTHONY TROLLOPE : *Le Directeur*. Traduction de l'anglais de Richard Crevier, révisée par Isabelle Gadoin. Édition d'Isabelle Gadoin.

6547 RENÉ DESCARTES : *Correspondance avec Élisabeth de Bohême et Christine de Suède*. Édition de Jean-Robert Armogathe.

6556 DENIS DIDEROT : *Histoire de Mme de La Pommeraye* précédé de *Sur les femmes*. Édition d'Yvon Belaval.

6584 MIKHAÏL BOULGAKOV : *Le Maître et Marguerite*. Traduction du russe et édition de Françoise Flamant.

6585 GEORGES BERNANOS : *Sous le soleil de Satan*. Édition de Pierre Gille. Préface de Michel Crépu.

6586 STEFAN ZWEIG : *Nouvelle du jeu d'échecs*. Traduction de l'allemand de Bernard Lortholary. Édition de Jean-Pierre Lefebvre.

6587 FÉDOR DOSTOÏEVSKI : *Le Joueur*. Traduction du russe de Sylvie Luneau. Préface de Dominique Fernandez.

6588 ALEXANDRE POUCHKINE : *La Dame de Pique*. Traduction du russe d'André Gide et Jacques Schiffrin. Édition de Gustave Aucouturier.

6589 EDGAR ALLAN POE : *Le Joueur d'échecs de Maelzel*. Traduction de l'anglais de Charles Baudelaire. Chronologie et notes de Germaine Landré.

6590 JULES BARBEY D'AUREVILLY : *Le Dessous de cartes d'une partie de whist*. Suivi d'une petite anthologie du jeu de whist dans la littérature. Édition de Jacques Petit. Préface de Johan Huizinga.

6604 EDGAR ALLAN POE : *Eureka*. Traduction de l'anglais de Charles Baudelaire. Édition de Jean-Pierre Bertrand et Michel Delville.

6616 HONORÉ DE BALZAC : *Gobseck et autres récits d'argent* (*Gobseck*, *L'Illustre Gaudissart*, *Gaudissart II*, *Un homme d'affaires*, *Le Député d'Arcis*). Édition d'Alexandre Péraud.

6636 *Voyageurs de la Renaissance. Léon l'Africain, Christophe Colomb, Jean de Léry et les autres*. Édition de Grégoire Holtz, Jean-Claude Laborie et Frank Lestringant, publiée sous la direction de Frank Lestringant.

6637 FRANÇOIS-RENÉ DE CHATEAUBRIAND : *Voyage en Amérique*. Édition de Sébastien Baudoin.

6654 ANTOINE HAMILTON : *Mémoires du comte de Gramont*. Édition de Michel Delon.

6668 ALEXANDRE DUMAS : *Les Quarante-Cinq*. Édition de Marie Palewska.

6696 ÉSOPE : *Fables*, précédées de la *Vie d'Ésope*. Traduction du grec ancien de Julien Bardot. Édition d'Antoine Biscéré.

6697 JACK LONDON : *L'Appel de la forêt*. Traduction de l'anglais, postface et notes de Marc Amfreville et Antoine Cazé. Préface de Philippe Jaworski.

6729 *Scènes de lecture. De saint Augustin à Proust.* Textes choisis et présentés par Aude Volpilhac.

6747 JULES VERNE : *Cinq semaines en ballon*. Édition de William Butcher. Illustrations de Montaut et Riou.

6748 HENRY JAMES : *La Princesse Casamassima*. Traduction de François-René Daillie, révisée par Annick Duperray. Édition d'Annick Duperray.

6764 VIRGINIA WOOLF : *Un lieu à soi*. Traduction de l'anglais et préface de Marie Darrieussecq. Édition de Christine Reynier.

6780 COLLECTIF : *Notre-Dame des écrivains. Raconter et rêver la cathédrale du Moyen Âge à demain*. Préface de Michel Crépu.

6795 FAMILLE BRONTË : *Lettres choisies*. Préface de Laura El Makki. Traduction de l'anglais et édition de Constance Lacroix.

6797 GUY DE MAUPASSANT : *Les Dimanches d'un bourgeois de Paris et autres nouvelles*. Édition de Catherine Botterel.

6817 GEORGE ELIOT : *Felix Holt, le radical*. Préface de Mona Ozouf. Traduction inédite de l'anglais et édition d'Alain Jumeau.

6818 GOETHE : *Les Années de voyage de Wilhelm Meister*. Traduction de l'allemand de Blaise Briod, revue et complétée par Marc de Launay. Édition de Marc de Launay.

6820 MIGUEL DE UNAMUNO : *Contes*. Traduction de l'espagnol de Raymond Lantier, revue par Albert Bensoussan. Édition d'Albert Bensoussan.

6831 ALEXANDRE DUMAS : *Le Comte de Monte Cristo*. Édition de Gilbert Sigaux. Préface de Jean-Yves Tadié. Nouvelle édition en un volume, série « XL ».

6832 FRANÇOIS VILLON : *Œuvres complètes*. Traduction de l'ancien français et édition de Jacqueline Cerquiglini-Toulet. Édition bilingue.

6855 ALEXANDRE DUMAS : *Les Compagnons de Jéhu*. Édition d'Anne-Marie Callet-Bianco.

6864 COLLECTIF : *Anthologie de la littérature grecque. De Troie à Byzance. VIIIe siècle avant J.-C. - XVe siècle après J.-C.* Traduction nouvelle du grec ancien d'Emmanuèle Blanc. Édition de Laurence Plazenet.

6866 AUGUSTE DE VILLIERS DE L'ISLE-ADAM : *Histoires insolites*. Édition de Jacques Noiray.

6891 GEORGE ORWELL : *Mil neuf cent quatre-vingt-quatre*. Édition et traduction nouvelle de l'anglais de Philippe Jaworski.

6892 JACQUES CASANOVA : *Histoire de ma vie*. Édition de Michel Delon.

6920 COLLECTIF : *La Commune des écrivains. Paris, 1871 : vivre et écrire l'insurrection*. Textes choisis et présentés par Alice de Charentenay et Jordi Brahamcha-Marin.

6932 MARCEL PROUST : *Le Mystérieux Correspondant et autres nouvelles retrouvées*. Édition de Luc Fraisse.

6947 JEAN DE LA FONTAINE : *Les Amours de Psyché et de Cupidon* précédé d'*Adonis* et du *Songe de Vaux*. Édition de Céline Bohnert, Patrick Dandrey et Boris Donné.

6959 JAMES FENIMORE COOPER : *Le Corsaire Rouge*. Traduction de l'anglais de Defauconpret. Édition et traduction révisée par Philippe Jaworski.

- 6969 Maurice Leblanc : *Arsène Lupin, gentleman-cambrioleur*. Édition d'Adrien Goetz.
- 6981 Maurice Leblanc : *Arsène Lupin contre Herlock Sholmès*. Édition d'Adrien Goetz.
- 6982 George Orwell : *La Ferme des animaux*. Traduction de l'anglais de Jean Queval. Édition de Philippe Jaworski. Préface d'Hervé Le Tellier.
- 7001 Collectif : *Contes du Chat noir*. Choix et édition de Marine Degli. Édition illustrée.
- 7002 Edmond et Jules de Goncourt : *Journal*. Choix et édition de Jean-Louis Cabanès.
- 7028 Henry Céard : *Une belle journée*. Édition de Thierry Poyet.
- 7042 Françoise de Graffigny : *Lettres d'une Péruvienne*. Édition de Martine Reid.
- 7056 Laurence Sterne : *Voyage sentimental en France et en Italie*. Traduction de l'anglais d'Alfred Hédouin. Édition et traduction révisée par Alexis Tadié.
- 7090 H. G. Wells : *L'Homme invisible*. Édition et traduction de Philippe Jaworski. Préface d'Hervé Le Tellier.
- 7102 Charles Dickens : *L'Ami commun*. Traduction de l'anglais de Lucien Carrive et Sylvère Monod. Annotation de Lucien Carrive. Préface de Philippe Roger.
- 7126 Collectif : *Proust-Monde. Quand les écrivains étrangers lisent Proust*. Choix des textes et édition de Blanche Cerquiglini, Antoine Ginésy, Étienne Sauthier, Guillaume Lefer et Nicolas Bailly.
- 7127 Victor Hugo : *Carnets d'amour à Juliette Drouet*. Édition de Danièle Gasiglia-Laster, Jean-Marc Hovasse, Arnaud Laster, Charles Méla et Florence Naugrette.
- 7143 Sénèque : *Tragédies complètes*. Édition et traduction du latin de Blandine Le Callet.

7172 HENRY DAVID THOREAU : *Sept jours sur le fleuve*. Édition et traduction de l'anglais de Thierry Gillybœuf. Préface de Sébastien Baudoin.

7173 HONORÉ DE BALZAC : *Pierrette*. Édition de Jacques Noiray.

7178 GEORGE ELIOT : *Silas Marner, le tisserand de Raveloe*. Traduction de l'anglais de Pierre Leyris, révisée par Alain Jumeau. Édition d'Alain Jumeau. Préface de Marie Darrieussecq.

7205 CLAIRE DE DURAS : *Œuvres romanesques*. Édition de Marie-Bénédicte Diethelm.

7206 ALEXANDRE DUMAS : *Les Trois Mousquetaires*, tome I : *D'Artagnan*. Édition de Gilbert Sigaux.

7217 FRANÇOIS-RENÉ DE CHATEAUBRIAND : *Atala* suivi de *René*. Édition de Sébastien Baudoin. Préface d'Aurélien Bellanger. Gravures de Gustave Doré.

7218 VICTOR HUGO : *Le Rhin*. Édition d'Adrien Goetz. Illustrations de Victor Hugo.

7233 JACK LONDON : *Le Loup des mers*. Édition et traduction de l'anglais de Philippe Jaworski.

7248 GUSTAVE FLAUBERT : *Récits de jeunesse*. Édition de Claudine Gothot-Mersch, révisée par Yvan Leclerc.

7273 COLLECTIF : *Scènes de mort. Mourir en littérature*. Choix des textes et édition de Yann Coillot. Préface de Laurent Mauvignier.

7288 VOLTAIRE : *Dieu et les hommes* précédé d'*Épître à Uranie*. Édition de Nicholas Cronk.

7301 HONORÉ DE BALZAC : *Honorine*. Édition de Jacques Noiray.

7302 ALEXANDRE DUMAS : *Les Trois Mousquetaires*, tome II : *Milady*. Édition de Gilbert Sigaux.

7319 RACHILDE : *Monsieur Vénus* suivi de *Madame Adonis*. Édition de Martine Reid.

7334 DIDEROT : *Paradoxe sur le comédien*. Édition de Laurence Marie.

7335 FRANÇOIS-RENÉ DE CHATEAUBRIAND : *Voyage en Italie* suivi de *Lettre sur l'art du dessin dans les paysages* et de *Choix de textes sur Rome, Naples et Venise*. Édition de Jean-Marie Roulin.

7349 ALEXANDRE DUMAS : *Création et Rédemption*. Édition de Julie Anselmini.

7347 FRANZ KAFKA : *Amerika*. Édition et traduction de l'allemand (Autriche) par Jean-Pierre Lefebvre. Postface de Jean Boutan.

7367 FRANZ KAFKA : *Le Procès*. Édition et traduction de l'allemand (Autriche) par Jean-Pierre Lefebvre. Préface de Philippe Lançon, postface de Jean-Pierre Lefebvre.

7387 ANONYMES : *Évangiles*. Édition et traduction du grec ancien par Frédéric Boyer.

7399 HONORÉ DE BALZAC : *La Maison du Chat-qui-pelote, Le Bal de Sceaux, La Bourse*. Édition d'Isabelle Mimouni. Préface d'Olivier Rolin.

7403 DELPHINE DE GIRARDIN : *La Canne de M. de Balzac*. Édition de Martine Reid.

7430 JORIS-KARL HUYSMANS : *Marthe* et *Les Sœurs Vatard*. Édition de Francesca Guglielmi.

7443 ANONYMES : *Les Folies Tristan. Un épisode de la légende de Tristan et Yseut*. Édition bilingue et traduction de l'ancien français par Mireille Demaules.

7444 GERMAINE DE STAËL : *Dix années d'exil*. Édition de Philippe Roger.

7446 VICTOR HUGO : *Les Misérables*. Version abrégée. Édition de Lou Nicole et Antoine Ginésy.

7454 COLETTE : *Chéri* et *La Fin de Chéri* suivis de *Chéri*, comédie de Colette et Léopold Marchand. Édition de Corentin Zurlo-Truche.

7455 COLETTE : *La Maison de Claudine, La Naissance du jour, Sido*. Édition de Corentin Zurlo-Truche. Préface de Martine Reid.

*Tous les papiers utilisés pour les ouvrages
des collections Folio sont certifiés
et proviennent de forêts gérées durablement.*

*Impression Novoprint
à Barcelone, le 27 mai 2025
Dépôt légal : mai 2025
1er dépôt légal dans la collection : décembre 2012*

ISBN 978-2-07-044999-6 / Imprimé en Espagne

662820